공부 머리를 키우는

초격차
오감
문해력

공부 머리를 키우는

초격차
오감
문해력

홍예진 지음

언더라인

공부 정서와 공부 머리를 한 번에 키우는 오감 문해력

"어머니, 민이가 독서 골든벨에서 1등을 했어요."

모니터를 뚫어지게 쳐다보며 논문을 쓰고 있을 때 어린이집 담임 선생님께서 상기된 목소리로 연락을 주셨습니다. 형, 누나들을 다 제치고 1등을 했다는 소식이었습니다. 원이 생긴 이래로 처음이라고 하셨어요. 다른 아이들은 패자 부활전으로 올라왔는데 저희 아이는 한번도 틀리지 않고 결승전에 올라갔답니다. 그래서 친구들도 자랑스러워하며 한마음으로 응원해 주었다고 하셨어요.

"민이는 이해력과 공감 능력이 뛰어나고, 정서적으로도 참 안정되어 있어요. 자기 생각도 잘 표현하고요. 어머니께서 평소에 아이를 어떻게 키우셨는지 정말 궁금하네요."

순간 기쁘면서도 한편으로는 당황스러웠습니다. 직장 다니느라,

공부하고 논문 쓰느라 아이에게 신경을 많이 쓰지 못 했거든요. 특별히 드릴 말씀이 떠오르지 않아서 그냥 웃으며 감사하다고만 했습니다.

전화를 끊고 곰곰이 생각해 보았습니다. '특별히 한 것이 없다'라고 여겼던 일상에 답이 있었습니다. 관리실에서 들려오는 안내방송 소리나 마트에서 만난 이벤트 특가 소식과 같은 일상의 소리에 귀 기울이며 아이와 주고받았던 이야기들이 있었지요. 매일 밤 자기 전에 들려주었던 상상의 이야기들, 식탁에서 아이와 함께 즐겁게 나누었던 대화들도 있었고요. 산책길에서, 여행길에서 만난 새와 동물들을 보며 신나게 이야기하던 아이의 말과 표정, 몸짓에 귀를 기울였던 순간들도 떠올랐습니다.

아침에 눈을 떴을 때, 집을 나서기 전, 그리고 잠들기 전 엄마와 아빠가 건네는 말과 표정이 아이에게는 하나의 메시지로 다가갔을 거예요. 저와 남편이 평소에 사용하는 언어나 감정을 다루며 표현하는 방식도 아이에게 자연스럽게 스며들었을 것이고요.

이 모든 평범한 순간들이 실은 아이의 문해력을 키우는 소중한 밑거름이 되었던 것입니다. 그런 일상들이 쌓여 저희 아이는 지금까지도 말과 글, 그리고 말과 글 너머의 마음을 잘 이해하고 표현하는 아이로 자라나고 있습니다.

짧지 않은 시간 동안 교실에서 아이들과 함께하며 마주쳤던 수많은 순간들이 떠오릅니다. 같은 내용의 글과 말이라도 눈을 반짝이며 집중하는 아이들이 있는가 하면, "선생님 모르겠어요. 이해가 잘 안 돼요."라고 말하는 아이들도 있었습니다. 자신의 마음과 생각을 자신 있게 표현하는 친구들이 있는 반면, 마음과 생각 열기를 어려워하는 친구들도 만났지요. 어떤 아이들은 자신의 생각을 글로 어려움 없이 즐겁게 표현하는가 하면, "선생님 뭘 써야 할지 모르겠어요." 하며 첫 문장을 쓰기도 힘들어하는 친구들도 있었습니다.

아이들을 가르치면서, 그리고 저희 아이를 키우면서 깨달은 중요한 점이 하나 있습니다. 바로 아이들이 단순히 잘 읽고 쓰는 능력에만 초점을 두어서는 안 된다는 것입니다. 그보다는 아이가 자신과 타인, 그리고 세상을 이해하고 소통할 수 있는 능력을 키워주는 것이 '문해력'의 목표가 되어야 한다는 것입니다.

문해력은 단순히 잘 읽고 쓰는 능력이 아니라, 말과 텍스트 그리고 그 안에 숨겨진 의미를 이해하고, 자신을 표현하며, 타인 그리고 세상과 소통하기 위한 능력을 뜻하기 때문입니다. 결국 아이가 행복해지기 위한 단단한 뿌리가 문해력인 것이지요.

이러한 문해력은 바로 아이가 가장 처음 세상을 접하고 일상을 함께 나누는 가정에서 시작되고 다져집니다.

언어는 혼자 만들어지는 것이 아닙니다. 누군가와 함께 주고받으며 만들어지는 것이지요. 아이의 문해력 역시 마찬가지입니다. 부모님이 아이에게 건네는 따뜻한 말 한마디, 함께 나누는 다정한 이야기, 아이의 마음을 담은 한 문장…. 이 모든 것들이 서로 연결되어 아이의 문해력을 조금씩 자라나게 해줍니다.

잘 이해하고 잘 소통하기 위해서는 잘 듣고 잘 말할 수 있어야 하며, 잘 읽고 잘 쓸 수 있어야 합니다. 그리고 나의 감정과 타인의 감정을 잘 이해하고 표현할 수 있어야 하지요.

이 책은 듣기(귀), 말하기(입), 읽기(눈), 쓰기(손), 감정(마음)이라는 다섯 가지 축을 중심으로 가정에서 아이와 함께 문해력을 키워나갈 수 있는 구체적인 방법을 담고자 했습니다. 이 책은 교실과 가정에서 직접 경험한 이야기들을 바탕으로, 부모님과 아이가 가정에서 실천할 수 있는 쉽고 간단한 방법들을 담은 친절한 문해력 안내서입니다.

이 책을 통해 부모님과 아이가 함께 언어를 건네며 성장하는 시간이 되시길 바랍니다. 그리고 그 과정 속에서 아이는 물론, 부모님도 함께 행복해지시길 바랍니다. 문해력은 결국 행복한 삶을 위한 힘이니까요.

지금부터 아이와 함께 언어를 건네는 따뜻한 여정을 시작해 보겠습니다.

차례

귀로 세상을 처음 만나는 아이들 · 26

아이는 듣기의 맥락 속에서 새로운 표현을 익힌다 | 말 속에 담긴 감정과 의도를 파악하면서 자라는 공감력 | "왜 그럴까?"를 묻는 인과적 사고력이 자란다

반복 읽기의 힘 · 32

새로운 의미와 어휘를 발견하는 반복 읽기 | 이야기 속에서 흐름과 구조를 찾아내는 법 | 다른 사람의 마음까지 읽어내는 공감력 | 소리의 리듬과 흐름을 몸으로 느끼다 | 안정감과 소통의 기쁨을 선물하는 부모의 목소리

말로 들은 이야기는 기억에 오래 남는다 · 40

이야기가 온몸으로 스며들게 | 머릿속에서 펼쳐지는 무한의 세계 | 생활에서도 도움이 되는 이야기 구조 읽기 | 안전한 소통 공간에서 표현력이 쑥쑥 | 깊이 남은 기억은 새로운 이해의 바탕이 된다

듣기를 통해 자라는 상상력 · 49

부모의 말 한마디가 생동감 넘치는 영상 속 한 장면으로 바뀌는 순간 | 빈 공간을 스스로 채우며 자라나는 상상의 시간 | 관점을 바꾸는 순간 자라나는 유연한 사고력 | 음성 리듬이 장면 전환 신호가 된다

아이의 입을 여는 일상의 소리 · 57

어휘력을 확장시키는 일상 속 새로운 단어들 | 질문과 대화를 통해 얻는 것 |

귀, 입, 눈, 손, 마음, 오감을 통한 문해력 수업

문해력은 단순히 글을 읽고 쓰는 능력이 아닙니다. 문해력은 아이가 세상을 받아들이고, 자신을 표현하고, 다른 사람과 소통하며 관계를 맺는 힘입니다.

귀로 듣고,

입으로 말하고,

눈으로 읽고,

손으로 쓰고,

마음으로 느끼고 연결되는 힘.

이 다섯 가지가 서로 영향을 주고받으며 함께 자라날 때, 아이는 말과 글 너머에 담긴 의미까지 이해하게 됩니다. 그리고 이 힘은 결국 아이의 인지적 학습 능력뿐만 아니라, 타인과의 관계에서 부드럽게 소통하고 자신의 삶을 주체적으로 살아갈 수 있는 힘으로도 연결됩니다. 문해력은 단지 성적을 올리기 위한 기술이 아니라, 아이가 세상을 이해하고 단단하게 살아갈 수 있도록 돕는 근본적인 힘이기 때문이지요.

이 책은 귀, 입, 눈, 손, 마음을 통해 아이의 문해력이 자라고 확장시키는 데 중점을 두었습니다. 이 책에서는 다음과 같은 구성으로 문해력을 다루고자 합니다.

1. 귀를 통해 문해력은 시작됩니다

아이는 말보다 귀로 먼저 세상을 배웁니다. 듣는다는 건 단순히 소리를 받아들이는 것이 아니라, 말을 이해하고, 상황을 파악하고, 타인의 의도를 헤아리는 복합적인 과정입니다. 귀로 듣는 힘은 글을 읽고 이해하는 힘, 수업을 집중해서 따라가는 힘, 상대방의 말을 공감하는 힘으로 이어집니다. 문해력은 귀에서부터 시작됩니다.

2. 입을 통해 문해력은 성장합니다

말은 아이가 생각을 정리하고, 세상과 소통하는 가장 직접적인 수단입니다. 아이가 말하는 방법을 익힐수록 머릿속에 있는 생각과 느낌을 명확하게 꺼내어 표현할 수 있습니다. 가정에서 부모님과 나눈 대화들을 통해 아이의 문장력도 자랍니다. 입을 통해 말하는 힘이 자라면 사고력과 표현력, 더 나아가 읽고 쓰는 힘까지도 함께 성장합니다. 문해력은 말과 함께 깊어집니다.

3. 눈을 통해 문해력은 벼려집니다

읽는다는 것은 단순히 글자를 해독하는 일이 아닙니다. 글 속에 담긴 정보를 파악하고, 구조를 이해하고, 보이지 않는 맥락까지 읽어내는 능력입니다. 세상을 해석하고, 다양한 관점을 받아들이며 자신만의 생각을 키울 수 있는 '눈으로 읽는 힘'을 통해 문해력은 벼려집니다. 세상을 주의 깊게 관찰하는 힘에서부터 시작하여 글 너머의 시선을 읽을 수 있는 힘에 이르기까지, 눈을 통해 세상과 만나는 법을 이야기하고자 합니다.

4. 손을 통해 문해력은 정리되고 표현됩니다

쓰기는 생각을 밖으로 꺼내는 힘입니다. 쓰는 과정에서 아이는 자신의 마음을 되돌아보기도 하고, 자신이 이해한 것을 재구성하기도 하며, 때로는 타인에게 전하고자 하는 마음을 담아내기도 합니다. 아이의 손끝에서 나오는 문장은 아이가 자신과 타인 그리고 세상을 이해하고 표현하는 힘을 만들어줍니다. 문해력은 손을 통해 구체화됩니다.

5. 마음은 듣고, 말하고, 읽고, 쓰는 힘이 결국 연결되는 곳입니다

문해력이 자란다는 것은 단지 글을 읽고 의미를 이해하는 능력이 커진다는 의미가 아닙니다. 말과 글 속에 담긴 감정과 맥락, 관계의 흐름을 읽어내며 마음으로 소통할 수 있을 때 비로소 문해력은 아이들의 삶에 행복을 가져다줄 수 있습니다. 마음이 열려야 언어도 열립니다. 마음은 듣고, 말하고, 읽고, 쓰는 힘이 결국 연결되는 곳입니다. 아이가 나·타인·세상과 연결되고 소통할 수 있는 힘은 바로 마음을 통해 완성될 수 있습니다.

이 책의 활용법

이 책은 초등학교 1학년부터 6학년까지의 아이를 둔 학부모님을 위한 문해력 안내서입니다. 이 책에서 말하는 문해력은 단순히 글을 잘 읽고 쓰는 능력이 아니라, 듣고, 말하고, 읽고, 쓰고, 마음을 통해 나와 타인, 세상과 연결되며 소통하는 힘입니다. 귀, 입, 눈, 손, 마음을 통해 아이의 문해력이 자라고 확장될 수 있도록 일상에서 부모님들이 아이와 함께 활용해 볼 수 있는 구체적인 방법들을 이야기합니다.

각 장은 아이의 신체와 감정, 인지 발달과 연결된 문해력의 핵심 영역을 하나씩 다룹니다.

1장. 귀: 문해력의 시작은 듣기입니다.

2장. 입: 말하기는 아이의 문해력을 확장시킵니다.

3장. 눈: 관찰력에서 읽기가 시작됩니다.

4장. 손: 아이의 생각은 손끝에서 나옵니다.

5장. 마음: 듣고, 말하고, 읽고, 쓰는 힘은 결국 연결됩니다.

이 책은 다음과 같은 순서로 구성되어 있습니다.

① **체크리스트:** 각 장의 시작에 아이들의 현재 문해력 수준을 진단해 볼 수 있는 체크리스트가 수록되어 있습니다. 체크리스트는 초등 교육과정 내에 제시되어 있는 문해력과 관련된 핵심 요소들을 추출하고, 아동들의 인지, 언어, 사회 · 정서 발달 단계를 함께 반영하여 총 5~8개의 문항으로 구성하였습니다.

② **본문:** 도입부에서는 실생활에서 아이와 주고받은 이야기 혹은 교실 속의 에피소드를 통해 가정에서 부모님들이 아이들의 문해력 발달을 어떻게 도와줄 수 있는지 함께 살펴봅니다.

③ **연령별 실천 가이드:** 에피소드가 특정 학년에만 치우치지 않도록 저학년, 고학년 발달 단계에 맞는 구체적인 실천법도 담았습니다.

문해는 언어를 매개로 나와 타인 그리고 세상을 알아가고 연결되는 과정입니다. 언어는 활자 그 자체보다 언어 안에 담겨 있는 마음. 그 마음을 알아볼 수 있는 힘을 통해 나와 타인, 그리고 세상을 알아갈 수 있습니다. 문해력은 우리가 언어를 통해 세상을 채워가는 힘입니다. 말과 글, 그리고 마음을 서로 건네며 부모님들도 아이와 함께 성장하는 시간을 만들어가시길 바랍니다.

1장

귀

—

듣기,
문해력의 시작

듣기는 아이가 세상과 연결되는 가장 첫 번째 창구입니다.

아이는 말을 하기 전, 귀로 먼저 세상을 배웁니다. 가족과 마주하는 식탁에서, 매일 밤 잠자리에서 들려주는 이야기에서 아이는 차근차근 의미를 쌓아가며 문해력의 기초를 다집니다.

하지만 단순히 '들리는 것'과 '듣기'는 다릅니다. 소리가 귀에 들어오는 것과 그 소리를 이해하고 의미를 파악하는 것은 전혀 다른 차원의 일입니다. 진정한 듣기는 말 속에 담긴 감정과 의도를 파악하고, 새로운 표현을 자연스럽게 익히며, 이야기의 구조를 이해하는 능력을 기르는 과정입니다.

그런데 왜 듣기가 문해력의 시작일까요? 듣기를 통해 아이는 맥락 속에서 새로운 어휘와 표현을 자연스럽게 익힙니다. '왜 그럴까?'라는 질문을 스스로 던지며 인과적 사고력이 자라고, 다양한 이야기를 들으며 상상력과 표현력이 풍부해집니다. 이렇게 귀로 쌓인 언어 경험은 나중에 글을 읽고 쓸 때의 든든한 토대가 됩니다.

들기는 사고력을 기르는 자연스러운 과정이기도 합니다. 반복해서 들려주는 이야기를 통해 아이는 이야기의 구조를 파악하고, 일상의 다양한 소리와 대화를 통해 아이의 언어와 사고가 함께 성장합니다. 이 과정에서 어휘력, 사고력, 표현력도 고루 발달하게 됩니다.

이 장에서는 아이의 문해력이 어떻게 '귀'를 통해 시작되는지 살펴봅니다. 또한 아이가 더 잘 듣고 이해할 수 있도록 돕는 방법들도 함께 살펴보겠습니다.

들기는 모든 문해력의 출발점입니다. 아이가 귀로 충분히 언어를 경험할 때, 그 경험은 말하기, 읽기, 쓰기로 자연스럽게 확장됩니다. 의미 있는 들기 경험이 쌓일수록 아이의 언어와 생각, 표현은 더 넓어지고 깊어집니다.

아래의 질문들을 통해, 우리 아이의 '귀로부터 시작되는 문해력'이 어떤 모습으로 자라나고 있는지 살펴보세요.

1. 이야기를 들을 때 처음부터 끝까지 집중해서 들으려 하나요?

2. 같은 이야기를 반복해서 들었을 때, 내용을 더 잘 이해하거나 새롭게 받아들이려 하나요?

3. 이야기를 들은 뒤, 자신의 말로 다시 이야기하거나 누군가에게 설명해 보려 하나요?

4. 이야기의 흐름이나 중요한 내용을 자연스레 파악해 보려 하나요?

5. 낯선 단어나 표현이 나올 때 흥미를 보이며, 그 뜻을 스스로 유추해 보려 하나요?

6. 이야기를 들으며 장면이나 인물의 말과 행동을 머릿속으로 떠올려보려 하나요?

7. 이야기를 듣고 나서 궁금한 점이나 의문이 떠올라 질문으로 이어가려 하나요?

초등 저학년(1~3학년)

귀로 듣고 마음으로 상상하는 시기(1, 2, 3, 5번 항목)

이 시기의 아이들은 이야기를 듣는 것 자체에 흥미를 느끼고 소리에 자연스럽게 집중하게 됩니다. 이야기를 들으며 장면을 머릿속에 떠올리고, 반복해서 듣는 중에 점점 내용을 이해해 가는 모습을 보입니다. 들은 이야기를 그대로 따라 말해보거나, 부모에게 설명

해 보려는 시도도 이 시기부터 시작됩니다.

아직 중요한 내용을 요약하거나 정보의 핵심을 파악하는 능력은 미숙할 수 있지만, 이야기를 듣고 반응하는 모든 행동이 듣기 문해력의 중요한 씨앗이 됩니다. "그 다음에는 어떤 일이 있었을까?", "그 말이 왜 재미있었을까?"처럼 호기심을 넓히는 질문으로 이야기를 풀어가 주세요.

초등 고학년(4~6학년)
들으며 파악하고 연결하는 듣기의 시기(1, 4, 6, 7번 항목)

고학년이 되면 아이는 듣는 이야기 속에서 중심 내용과 흐름을 파악하고, 말 속에 담긴 의미나 어휘를 스스로 추론하려는 태도를 보입니다. 들은 내용에서 궁금한 점을 떠올리거나, 그 내용을 자기 말로 다시 정리해 보려는 시도도 늘어나지요.

이런 능력은 갑자기 생기는 것이 아니라 저학년 시절부터 이어져 온 '들어주는 경험' 위에서 조금씩 깊어지는 과정입니다. "방금 들은 내용 중 제일 기억에 남는 건 뭐야?", "그 말의 뜻은 어떻게 알게 되었어?"처럼, 아이 스스로 생각을 정리하고 말로 풀어낼 수 있도록 돕는 질문이 효과적입니다.

듣기 문해력은 아이마다 발달 속도와 방향이 다르기 때문에 모든 아이가 모든 문항에 고르게 반응할 필요는 없습니다. 지금 우리 아이가 어떤 부분에서 강점을 보이고, 어떤 부분을 함께 길러가야 할지 확인하는 데 이 체크리스트를 활용해 보세요.

귀로 세상을
처음 만나는 아이들

"진짜 뼈 있는 말이었어."

아이가 1학년 때쯤이었을 거예요. 하루는 남편이 회사를 다녀오자마자 그러는 겁니다.

"오늘 회의 중에 이사님께서 하신 말씀이 있는데…."

"무슨 말이었는데?"

"'성과보다 과정이 더 중요합니다. 여러분은 다 알아서 잘하시겠지만….'이라고 하셨어. 그 말을 듣고 있던 사람들 표정이 별로 안 좋았어. 다들 좀 찔리는 것 같더라고. 요즘 회사 분위기가 영 안 좋아. 부서별로 성과 경쟁이 너무 치열해서 결과만 신경 쓰고 있었거든. 과정은 뒷전이고…. 그러다 보니 부서 간 사이도 나빠졌고 말이야."

소파에서 놀고 있던 아이가 저희의 대화를 듣고 있었나 봅니다.

"엄마, 아빠가 말한 '뼈 있는 말'이 무슨 뜻이에요? 무서운 말이에요?"

"아, 뼈라고 해서 무서운 건 줄 알았구나. 뼈 있는 말은 그냥 하는 말이 아니라, 그 말 속에 진짜 의미가 숨어 있다는 뜻이야. 숨은 속뜻이 있어서 무서운 말이라고 할 수도 있겠네."

"그럼, 그 이사님 속뜻이 뭐였는데요?"

"알아서 잘하라는 거지. 결과만 생각하지 말고, 과정에 집중하고 노력하라는 의미였어."

"아~!"

아이는 고개를 끄덕이더니, 갑자기 어제 있었던 일을 꺼냈습니다.

"엄마, 아빠. 어제 학교에서 민재가 내 짝꿍한테 '넌 맨날 숙제 다 했다고 애들 앞에서 자랑하더라~. 숙제 다해서 좋~겠다.' 그러더라고요. 말은 칭찬인데 표정은 안 그래 보였어요. 민재 말에 뼈가 있었던 걸까요?"

"네가 그렇게 느꼈다면 아마 민재 말에도 뼈가 있었을 거야."

"말투랑 표정을 보니 놀리는 것 같았어요. 좋은 의미로 한 말 같진 않았거든요. 다음번에 나도 써봐야겠어요. '네 말에 뼈가 있네.' 하고요."

아이는 대화 속에서 등장했던 "진짜 뼈 있는 말이었어."라는 말을 그냥 흘려듣지 않았습니다. 소파에서 놀고만 있는 줄 알았는데, 부모의 대화를 귀 기울여 듣고 있었던 거죠. 엄마 아빠가 나누는 이야기는 아이에게 언어의 재료가 되고 생각을 확장하는 계기가 됩니다. 이렇게 귀로 들은 언어를 자신의 삶과 연결하며 받아들이는 경험이 듣기 문해력의 시작입니다.

아이는 듣기의 맥락 속에서
새로운 표현을 익힌다

아이가 세상을 인식하는 첫 통로는 바로 귀입니다. 우리가 일상에서 나누는 대화, TV에서 흘러나오는 뉴스, 길에서 들리는 다양한 소리들이 모두 아이에게는 세상을 이해하는 단서가 됩니다.

흔히 아이들의 문해력을 길러주기 위해서는 많이 읽고 쓰게 하면 된다고 생각하지만, 문해력의 시작은 '듣기'에서 비롯됩니다. 아기는 엄마 뱃속에 있을 때부터 소리를 듣기 시작하고, 태어나서는 엄마 아빠의 목소리를 가장 먼저 알아듣습니다.

에피소드에서 '뼈 있는 말'이라는 표현이 엄마 아빠의 대화 속에서 등장했을 때, 소파에서 놀던 아이는 낯선 표현에 귀를 기울였습니다. "말에 뼈가 있다는 게 무슨 뜻이에요? 무서운 말이에요?"라고 호기심을 표현하며 적극적으로 물어보았지요. 엄마 아빠의 설명을 들으며 '숨은 속뜻'을 이해한 아이는 곧바로 학교에서 친구가 했던 말과 연결을 지어보았습니다.

이렇게 맥락 속에서 익힌 표현은 단순히 사전적 의미만 아는 것보다 훨씬 깊이 있게 내면화됩니다. 민재가 친구에게 했던 말을 떠올리며 '뼈 있는 말'의 개념을 실생활에 적용해 보려 한 모습은, 아이가 표현을 단순히 암기하는 것이 아니라 실제 삶에서 활용 가능한 언어적 도구로 습득했음을 보여줍니다. 이처럼 일상의 대화 속에서 새로운 표현을 접하고 질문하며 그 의미를 알아가는 과정은 학습지 열 장을 푸는 것보다 아이의 기억에 훨씬 오래 남습니다.

말 속에 담긴 감정과 의도를 파악하면서
자라는 공감력

아이가 듣기를 통해 배우는 것은 단어나 표현만이 아닙니다. 그보다 더 중요한 것은 말 속에 담긴 감정과 의도를 읽어내는 능력입니다.

아이는 이사님의 말에 숨겨진 의도를 알아차리고, 이를 민재가 친구에게 한 말과 연결 지었습니다. "말은 칭찬인데 표정은 안 그래 보였어요."라는 아이의 관찰은 매우 날카롭습니다. "숙제 다해서 좋겠다."라는 같은 말이라도 진심으로 부러워하는 말투인지, 아니면 살짝 비꼬는 어조인지 아이들은 직관적으로 파악합니다.

평소 대화 중에 "이 말은 어떤 느낌으로 들렸어?", "선생님이 그렇게 말씀하셨을 때 기분이 어땠어?"라고 물어보면, 아이는 목소리나 호흡과 같은 소리의 단서를 더 세심하게 살피게 됩니다. 이런 경험들이 쌓이면 친구나 가족의 말 속에 담긴 숨은 감정도 자연스럽게 읽어내게 됩니다.

"왜 그럴까?"를 묻는
인과적 사고력이 자란다

"그럼, 이사님의 속뜻이 뭐였는데요?"라는 아이의 물음은 단순히 호기심 이상의 의미가 있습니다. 이때 아이의 머릿속에서는 인과관계를 탐색하는 사고의 회로가 형성되고 있는 것입니다. "왜 그렇게 말했을까?", "말 속에 숨어 있는 속뜻이 뭘까?"라는 질문을 통해 아이는 표면적으로 보이는 현상 너머의 원인과 의도를 찾아내는 훈련을 하게 됩니다.

아빠의 설명을 들으며, 아이는 왜 이사님이 직접적으로 말하지 않고 '뼈 있는 말'의 방식으로 돌려 말했는지 그 이유를 발견했습니다. 회사의 경쟁적인 분위기, 상사의 기대, 직원들의 심리가 서로 연결되어 있다는 것을 아이는 자연스럽게 이해하게 된 것이지요.

이렇게 사건과 감정, 말의 원인과 결과를 연결해 보는 과정이 반복되면, 아이의 머릿속에서 주장과 근거, 예시를 자연스럽게 정리하는 사고력이 발달하게 됩니다. 듣기를 통해 길러진 '왜'라는 질문

습관은 탄탄한 사고력의 기초가 됩니다.

　다음번에 자신도 써봐야겠다며 아이는 단순히 표현을 이해하는 것을 넘어서 자신의 언어로 능동적으로 표현하려고 했습니다. 귀로 듣고 마음에 담아둔 표현들은 아이의 말과 글을 풍성하게 해주는 언어 창고에 차곡차곡 쌓입니다. 엄마 아빠의 대화 속에서 '뼈 있는 말'이라는 표현을 주의 깊게 들은 아이는 친구와의 대화에서 비슷한 상황을 겪게 되면, 귀로 들은 말을 자신의 입으로 재생해 보게 됩니다. 이렇게 들은 어휘와 리듬을 그대로 말로 옮겨보는 경험이 쌓일수록, 아이는 맥락에 맞는 표현을 골라 쓰는 능력을 자연스럽게 기를 수 있습니다.

　듣기는 아이들이 어휘, 리듬, 비유를 자연스럽게 습득할 수 있는 가장 쉬운 통로입니다. 아이들의 표현력을 풍부하게 만드는 것은 문제집 속에 딱딱하게 박혀 있는 단어들이 아니라, 일상 대화 속에서 살아 숨 쉬며 움직이는 표현들이지요.

　귀로 듣는 경험은 아이의 문해력을 키우는 첫걸음입니다. 부모님의 다정한 목소리는 아이 마음 위에 조용히 내려앉아 언어와 생각, 그리고 공감의 싹을 틔웁니다. 아이 곁에 한 걸음 더 다가서서 하루의 풍경을 풍성한 언어로 들려주세요.

반복 읽기의 힘

엄마의 수고스러움이 아이에게는 거름이 됩니다.

아이가 저학년 때 권정생 작가님의 《강아지똥》이라는 그림책을 좋아했어요. 초등학교 3학년 국어 교과서에도 수록된 작품입니다. 이 책은 강아지똥이 세상에서 자신만 쓸모없다고 생각하다가, 민들레 싹을 자라게 하는 거름이 되면서 자신도 세상에 도움이 되는 존재라는 것을 알고 기뻐하는 내용이에요. 아이는 몇 번이고 다시 읽어달라고 그림책을 들고 오곤 했지요. 같은 이야기를 반복해서 듣는 게 뭐가 재미있는 걸까 싶어서 하루는 아이에게 물어봤어요.

"벌써 여러 번 읽었는데도 그렇게 재미있어?"

"네, 엄마가 읽어주는 게 좋아요. 엄마가 읽어줄 때마다 새로운 느낌이에요."

"참새가 하는 말도, 흙덩이가 하는 말도, 민들레가 하는 말도 엄마가 읽어줄 때마다 더 기억이 잘 나요."

피곤해서 눈이 자꾸만 감기지만, 아이가 좋다는데 다시 읽어줘야지요. 처음에는 '달구지'의 뜻을 물어보던 아이가 이제는 그 의미를 알고, '거름'이라는 단어도 자연스럽게 사용하기 시작했습니다. 기억나는 문장들은 저와 함께 따라 말하기도 하면서요. 아이는 이야기를 듣고 나서 그러는 겁니다.

"엄마, 민들레는 참 착해요."

"왜 그렇게 생각해?"

"강아지똥이 자기는 쓸모없다고 속상해하니까 그렇지 않다고 위로해 줬잖아요."

다음 날 또 읽어달라고 하길래 읽어줬더니 이렇게 말하더군요.

"엄마, 그런데 강아지똥도 착한 것 같아요."

"왜 그렇게 생각해?"

"민들레가 자기가 꽃을 피우는데, 강아지똥이 필요하다고 하니까 거름이 되어줬잖아요. 자기 자신이 부서져 없어지는 데도 기뻐하면서 거름이 되어줬잖아요."

"도움이 된다는 건 좋은 건가 봐요."

여러 번 들어서 지겹지 않을까 싶었는데, 여러 번 들을 때마다 아이의 마음속에는 다른 세계가 열렸나 봅니다. 처음에는 단순히 이야기의 흐름을 따라가던 아이가 반복해서 들으면서 등장인물의 마음까지 헤아리게 된 겁니다. 같은 이야기를 반복해서 들으면서 아이는 이야기의 구조를 파악하고, 등장인물들의 감정까지 이해하면서 점점 깊은 의미를 찾아내고 있었습니다.

가끔 같은 책을 읽어주는 것이 지루하게 느껴지실 때, 책의 특정 부분에서 등장인물의 목소리 톤을 바꿔보거나 "민들레는 왜 그렇게 말했을까?"와 같이 간단한 질문을 던져보세요. 아이는 매번 다른 관점에서 이야기를 바라보게 되고, 부모님도 새로운 재미를 느낄 수 있습니다.

새로운 의미와
어휘를 발견하는 반복 읽기

부모가 같은 책을 반복해서 읽어주면 아이의 귀는 매번 조금씩 다른 것을 포착하게 됩니다. 초등학교 저학년 아이들은 하루에 평균 5~10개의 새로운 단어를 접하는데, 한번 들어서는 그 의미를 완전히 이해하기 어렵습니다. 같은 이야기를 여러 번 듣게 되면, 아이는 낯선 단어들이 문맥 속에서 어떤 의미를 갖는지 자연스럽게 파악하게 됩니다.

《강아지똥》을 처음 읽어줄 때는 "이게 뭐예요?"라고 물어보던 '거름'이라는 단어가 다음에 읽어줄 때는 "거름은 식물을 자라게 하는 흙 속 영양분이구나!"라고 아이 스스로 깨닫게 됩니다. 이런 과정을 통해 아이는 단어와 세상을 연결하는 법을 배웁니다.

고학년이 되면 교과서에 등장하는 '정의', '용기', '배려', '협력'과 같은 추상적 개념어들을 만날 때, 어려서부터 다양한 이야기를 들어온 아이는 더 쉽게 이해할 수 있습니다. 예를 들어 '정의'라는 개념을 배울 때, 착한 주인공이 나쁜 일을 바로잡는 이야기를 많이 들어본 아이는 추상적인 단어도 구체적인 장면과 연결 지어 이해할 수 있지요.

이야기 속에서
흐름과 구조를 찾아내는 법

부모가 같은 이야기를 반복해서 들려주면, 아이의 귀는 이야기 속에서 '패턴'을 발견하기 시작합니다. 처음에는 단순히 귀로 소리를 즐기기만 하던 아이가 점차 '시작-전개-마무리'와 같은 이야기의 구조를 자연스럽게 익히게 되지요. 들리는 소리가 의미 있는 흐름으로 정리되는 과정입니다.

《강아지똥》을 처음 들을 때는 "강아지똥이 민들레 꽃을 피웠어요."라는 결말만 기억하던 아이지만, 여러 번 들려주면, "강아지똥이 처음에는 자기는 더럽고 쓸모없어서 아무도 좋아해주지 않는다고 슬퍼했어요(시작). 그런데 민들레가 자기가 꽃을 피우려면 거름이 필요하다고 해서 강아지똥이 거름이 되어주었어요(전개). 그래서 민들레가 예쁜 꽃을 피웠어요(마무리)."와 같이 이야기의 흐름에 따라서 말하는 모습을 볼 수 있습니다.

다른 사람의 마음까지
읽어내는 공감력

같은 이야기를 여러 번 들으면서 아이는 등장인물의 마음까지 이해하게 됩니다. 처음에는 무슨 일이 일어났는지만 궁금해하던 아이가 여러 번 들으면서 왜 그런 일이 일어났는지, 등장인물은 어떤 기분이었을지에 대해 생각하기 시작합니다.

《강아지똥》을 처음 들었을 때는 "강아지똥이 쓸모없다고 생각했어요."라고만 말하던 아이가 여러 번 들은 후에는 "강아지똥은 정말 슬펐을 거예요. 참새도, 병아리들도 모두 다 더럽다고 하면서 강아지똥을 놔두고 다 가버렸잖아요. 그래서 강아지똥도 자기가 쓸모없다고 생각하며 슬펐을 거예요."라며 감정에 깊이 공감하는 모습을 보여줍니다.

이런 공감력은 아이가 타인과 소통하는 방식을 변화시킵니다. "친구가 왜 그런 말을 했을까?"를 귀 기울여 들을 수 있는 아이는 갈등 상황에서도 상대방의 마음을 헤아리며 소통할 수 있습니다.

소리의 리듬과 흐름을
몸으로 느끼다

부모가 반복해서 책을 읽어줄 때, 아이는 단어의 의미뿐 아니라 소리와 리듬감까지 귀로 흡수합니다. 같은 책을 여러 번 들으면서 문장의 리듬, 목소리의 높낮이, 이야기 속 감정에 따른 톤의 변화를 자연스럽게 받아들이게 됩니다.

《강아지똥》을 여러 번 읽어주면, 아이는 점차 부모의 목소리를 따라 하며 감정을 담아 읽게 됩니다. 이런 경험이 쌓이면, 아이가 다른 사람의 말을 들을 때 목소리에 담긴 마음까지 알아챌 수 있게 됩니다.

특히 1~2학년 시기에는 이런 소리의 리듬감이 읽기 유창성의 기초가 됩니다. 부모의 목소리로 반복해서 들은 문장의 패턴은 아이가 스스로 글을 읽을 때 자연스러운 끊어 읽기와 억양으로 이어집니다. 이렇게 귀로 습득한 언어적 리듬감은 아이의 말과 글에도 영향을 미치게 되지요.

안정감과 소통의 기쁨을 선물하는
부모의 목소리

부모가 반복해서 책을 읽어주는 시간은 단순한 학습의 시간이 아닙니다. 아이에게 안정감을 주고, 부모와 감정적으로 연결되는 소중한 시간입니다. 같은 이야기를 들려줄 때마다 아이는 예측 가능한 내용을 들으며 편안함을 느낍니다. 이런 안정감 속에서 더 깊은 이해와 공감이 자라납니다.

"오늘은 또 어떤 책을 읽어줄까?"라고 물었을 때, "《강아지똥》 읽어주세요!"라고 대답하는 아이의 말에는 이미 알고 있는 이야기 속에서 새로운 의미를 발견하고 싶은 호기심과 그 순간을 부모와 공유하며 교감을 나누고 싶은 마음이 함께 담겨 있습니다.

부모의 목소리로 전해지는 이야기는 아이에게 세상과 소통하는 모델이 됩니다. 부모가 등장인물의 감정에 따라 목소리를 달리하며 읽어주는 모습을 통해, 아이는 언어가 단순한 정보 전달의 도구가 아니라 감정과 생각을 나누는 소통의 매개체임을 배우게 되기 때문입니다.

반복 읽기의 효과는 단순히 책의 내용을 기억하는 것에 그치지 않습니다. 그것은 아이가 귀로 세상을 만나고, 입으로 자신을 표현하고, 눈으로 의미를 발견하고, 마음으로 타인과 연결되는 총체적인 문해력의 기초를 다지는 과정입니다.

아이와 함께하는 반복 읽기는 단순한 시간 이상의 가치를 지닌 활동입니다. 반복 읽기는 아이의 문해력을 자연스럽게 키워주는 토양이자, 부모와 아이 사이의 소중한 유대감을 쌓는 시간이 됩니다.

오늘 저녁, 아이가 가장 좋아하는 책을 다시 한번 꺼내보세요. 피곤하더라도 웃으며 "또 읽어줄까?"라고 따뜻하게 물어보세요. 권정생 작가님의 《강아지똥》처럼, 우리의 작은 노력은 아이의 마음속에 아름다운 꽃을 피워내는 거름이 되어줄 것입니다.

말로 들은 이야기는
기억에 오래 남는다

"아빠가 옛날에 말이야, 소와 대화를 나눈 적이 있었어…."

이 한마디면 아이의 눈은 반짝이기 시작합니다. 잠자리에 들기 전, 즉석에서 만들어낸 이야기에 아이는 끊임없이 질문하고, 때로는 이야기를 같이 만들어가기도 했지요. 그때의 기억이 좋았던지, 학교에 들어간 후에도 아이는 저희 부부가 지어낸 이야기를 듣는 것을 좋아했습니다.

때로는 이야기를 직접 지어내 들려주기도 하고, 때로는 예전에 있었던 일들을 다시 각색해서 들려주기도 했어요. 아이는 잠자리에서 들려주는 이런 이야기들을 참 좋아했습니다.

"아빠가 어릴 적에 할아버지 댁에 간 적이 있었어. 거기엔 조그마

한 외양간이 있었거든. 거기에 소 두 마리가 있었는데, 어른들이 혼자는 가서 보지 말라는 거야. 그런데 아빠는 그 소 두 마리가 너무 궁금했지. 그래서 아빠는 어른들 몰래 외양간 문을 열고 들어가서는 소에게 볏짚을 주면서 이야기를 나눴어."

"아빠, 잠시만요. 볏짚이 뭐예요?"

"겨울에 나무를 감싸고 있는 그거…. 혹시 기억나? 나무가 춥지 않게 둘러주는 것 말이야."

"아~ 나무 옷 같은 거요?"

"응. 벼에서 쌀알을 빼고 줄기만 남겨놓은 건데 소가 먹을 수 있는 거야."

"아빠가 볏짚을 주면서 소랑 이야기를 나눴는데…."

"소랑 이야기를 했다고요? 에이, 말도 안 돼. 소가 어떻게 말을 해요?"

"응. 실제로 말을 한 건 아니지만, 아빠는 왠지 소가 아빠 말을 알아듣는 것 같았어."

"'작년에도 왔었는데 나 누군지 기억나?' 하고 물었더니, 소가 눈을 끔뻑거리더니 고개를 이리저리 흔드는 거야."

"정말요?"

"응. 소가 꼭 아빠 말을 알아듣는 거 같아서 다음날도 몰래 찾아가서 소한테 말을 걸었지. 그날은 장난치다가 할아버지한테 혼난 이야기를 했는데 소가 또 알아듣는 거 같더라고. 그 큰 눈망울을 보고 있으니까 속상한 마음이 좀 가라앉는 거 같았어."

아이는 아빠의 이야기를 들으며 생각에 잠긴 눈치였습니다.

"아빠가 속상한 마음이 가라앉았다고 하니 다행이에요. 지난번에 엄마 아빠랑 민속촌에 갔을 때도 소가 있었잖아요? 그때 저도 그 소한테 말을 걸어보고 싶었어요. 소 눈이 정말 커서, 그 큰 눈을 보니까 정말 뭘 다 알고 있는 건 아닐까 생각했거든요. 그러다 에이~ 설마 그랬거든요. 근데 아빠 이야기를 듣고 보니, 그때 그 소도 뭔가 나한테 뭔가 말하고 싶었던 게 아닌가 싶고…."

짧은 이야기를 들으며 아이는 아빠의 상황을 머릿속으로 그려보고, 아빠의 감정을 따라가는 것 같았습니다. 그러고는 자신의 경험과도 연결 지어 생각해 보더라고요. 모르는 단어의 뜻을 물어보기도 하고요. 들려주는 이야기에는 이런 힘이 있습니다.

부모가 말로 들려주는 이야기는 아이의 상상력과 문해력을 동시에 키워줍니다. 이야기의 내용이 조금 엉뚱해 보여도, 완벽하지 않아도 괜찮아요. 친근한 엄마, 아빠의 목소리로 들려준다면 아이는 금세 이야기 속으로 빠져듭니다.

책을 소리 내어 읽어주는 것도 물론 좋지만, 부모가 직접 들려주는 이야기에는 문자에 담아내지 못하는 감정과 표정, 분위기가 살아 있습니다. 이런 이야기들을 통해 아이는 이야기의 구조를 자연스럽게 이해하고, 상황을 머릿속으로 그려보게 됩니다. 또한 떠오르는 감정과 생각들을 언어로 연결할 수 있게 도와주지요.

무엇보다도 엄마 아빠가 '직접' 들려주는 이야기를 통해, 아이는 자신만의 상상력과 내면의 언어를 키워갑니다.

이야기가 온몸으로
스며들게

저녁 식사 자리에서, 잠자리에서, 나란히 앉은 소파에서 부모가 아이에게 이야기를 건네는 순간은 언제나 특별합니다. "아빠가 옛날에 말이야…"라는 마법의 한마디가 시작되면 아이의 귀가 쫑긋 서고, 모든 감각이 깨어나지요.

아이의 뇌는 듣는 이야기를 실제 경험처럼 받아들이는 특별한 능력을 가지고 있습니다. 엄마 아빠의 목소리에 담긴 미묘한 리듬과 억양을 따라가며, 아이는 외양간의 볏짚 냄새와 까끌까끌한 촉감, 소의 커다란 눈망울까지 머릿속에 생생하게 그려냅니다.

말로 들려주는 이야기 속에서 '외양간'이나 '볏짚'과 같은 낯선 단어들은 단순한 글자가 아니라 감각과 함께 기억됩니다. "겨울에 나무를 감싸고 있는 그거 혹시 기억나?"라는 아빠의 물음에 아이는 지난겨울 가로수를 감싸고 있던 볏짚의 모습을 떠올리며, 단어의 뜻과 자연스럽게 연결합니다. 이렇게 귀로 익힌 어휘는 아이의 마음속에 훨씬 오래, 그리고 깊이 기억됩니다.

머릿속에서 펼쳐지는
무한의 세계

"소가 마치 아빠 말을 알아듣는 것 같았어." 아빠의 한마디는 아이의 상상력을 활짝 열어줍니다. 귀로 듣는 이야기에는 책장을 넘기는 물리적 제약도, 그림으로 정해진 시각적 한계도 없습니다.

들려주는 이야기 속에서 아이들은 자신만의 그림을 그립니다. 부모가 소의 눈망울을 묘사하면 아이는 그 눈에 담긴 감정까지 상상하고, 소와 나눈 대화의 내용을 그려보며 이야기를 풍성하게 채워 나갑니다. "아빠, 그 소는 왜 사람 말을 알아들었을까요?"라는 질문을 시작으로, 아이는 현실과 상상을 자유롭게 넘나듭니다.

이 과정에서 아이는 단순히 정보만을 받아들이는 것이 아니라, 능동적으로 이야기 세계를 만들어가게 됩니다. 특히 직접 경험하기 어려운 상황을 상상하면서 사고력이 쑥쑥 자라나지요.

이러한 상상은 제한 없이 펼쳐집니다. 그림책이나 영상과는 달리, 오직 아이의 마음이 허락하는 만큼 이야기가 확장됩니다. 이러한 상상력은 '추상적 개념'을 이해하는 데 실질적인 도움이 된답니다.

생활에서도 도움이 되는
이야기 구조 읽기

매일 밤 부모가 들려주는 이야기를 통해, 아이는 자연스럽게 이야기의 구조를 파악합니다. 처음에는 단순히 "그래서 어떻게 됐어요?"라고 묻던 아이가 점차 "아, 이제 무슨 일이 생기겠구나."라며 이야기의 흐름을 예측할 수 있게 됩니다.

아이는 소와 대화를 나눈 아빠의 이야기를 들으며 "아빠가 외양간에 들어가서(상황), 소와 이야기를 나누게 되고, 마음의 위안을 얻었어요(결과)."라는 이야기 구조를 자연스럽게 인식합니다. 이렇게 이야기를 자주 듣게 되면 따로 배우지 않아도 이야기의 기본 틀을 이해하게 됩니다.

이야기 구조의 이해는 실생활에서도 도움이 됩니다. 아이는 일상속 사건들도 비슷한 구조로 인식하기 시작합니다. 친구와의 갈등, 새롭게 무언가를 배워야 하는 상황 등을 하나의 '이야기'로 보고, '어떻게 시작되었지?', '어떻게 풀어갈까?', '어떻게 마무리할까?'와 같이 차근차근 생각해 볼 수 있게 됩니다.

또한 이야기를 들으며 "왜 그럴까?"와 같은 질문을 자주 하게 되는데, "아빠가 왜 몰래 외양간에 갔을까?"와 같은 질문은 동기와 결과를 연결하는 사고력을 길러줍니다. 이렇게 귀로 익힌 이야기 구조는 나중에 아이가 책을 읽고 글을 쓸 때도 기본 틀이 되어줍니다.

안전한 소통 공간에서
표현력이 쑥쑥

　부모의 목소리는 아이에게 안정감을 줍니다. 이 안전하고 편안한 공간에서 아이는 이야기 속 감정을 충분히 느끼고 표현할 수 있게 됩니다.

　"소가 아빠 말을 알아듣는 것 같았어."라는 아빠의 이야기를 들으며, 아이는 "민속촌에서 본 소도 내 말을 알아들었을까요?"라고 자신의 경험과 연결 짓습니다. 이런 과정에서 아이는 호기심, 경이로움, 친근감 같은 미묘한 감정을 언어로 표현하는 법을 배웁니다.

　정서적 안전지대에서 아이는 자신의 감정을 솔직하게 표현할 수 있습니다. 아빠 이야기를 듣고 아이는 "그 소가 나한테 뭔가 말하고 싶었던 게 아닌가 싶었어요.", "아빠의 속상한 마음이 가라앉았다고 하니 다행이에요."와 같이 자신의 생각과 감정을 자연스럽게 표현했습니다. 아이의 이러한 감정 표현은 아이의 마음 성장에 중요한 부분이기도 합니다.

　이야기를 나누는 시간은 감정의 언어를 배우는 시간입니다. "소는 어떤 기분이었을까?", "할아버지는 왜 화가 났을까?"와 같은 질문을 통해 아이는 다양한 관점에서 상황을 해석하는 능력을 기릅니다. 이런 감정 이해력은 아이가 실제 생활에서 친구들과 소통할 때도 큰 도움이 됩니다.

깊이 남은 기억은
새로운 이해의 바탕이 된다

말로 들려준 이야기는 아이의 마음에 오래 남습니다. 어린 시절 들은 이야기를 오랜 후에도 생생하게 기억하는 경우가 많습니다. "아빠, 기억나요? 그 소 이야기요!"라며 몇 년이 지나도 그 순간을 생생하게 떠올리게 해주지요.

이러한 기억은 단순히 이야기의 내용을 넘어 그때 함께 나눈 감정과 유대감까지 포함합니다. 몇 년 후 우연히 동물원에서 소를 보거나 책에서 관련 내용을 발견했을 때, 예전에 들었던 이야기는 과거와 현재를 연결해 주는 경험이 됩니다.

이런 경험의 축적은 아이가 새로운 지식과 개념을 접할 때 중요한 기반이 됩니다. 새로운 정보를 이미 귀로 들어 마음에 담아둔 경험과 연결 지으면서, 아이는 더 깊이 있게 이해할 수 있게 됩니다.

말로 들은 이야기는 가족의 역사와 정체성을 형성하는 데도 중요합니다. "아빠가 어렸을 때는…", "할아버지가 어렸을 때는…"과 같은 가족 이야기를 들으며, 아이는 자신이 더 큰 이야기의 일부임을 느끼게 됩니다. 또한 부모를 통해 듣는 옛날이야기는 아이가 과거와 현재를 연결하고, 자신이 태어나기 전의 시대를 흥미롭게 받아들이는 계기가 되어줍니다.

아이 마음을 가장 먼저 두드리는 것은 엄마 아빠의 따뜻한 목소리입니다. 오늘 들려준 부모의 짧은 입말 이야기는 아이에게 듣고 이해하며 말로 풀어내는 힘과 머릿속에 장면을 그리며 감정을 살피는 힘을 하루하루 키워줍니다. 잠자리에 들기 전이나 밥 먹기 전 식탁에 둘러앉은 단 5분이라도 괜찮으니 아이와 부담 없이 시작해 보세요.

듣기를 통해
자라는 상상력

"여러분, 지금부터 눈을 감아보세요. 선생님이 하는 이야기를 들으며, 상상의 세계로 빠져들어 가봐요."

'눈을 감고 상상의 세계로 빠져들어 가보자.'라는 말에 교실 여기저기에서 키득키득 웃는 소리가 들려옵니다. 벌써 몇몇 남자아이들은 눈을 감으려 하는 짝꿍의 옆구리를 손가락으로 콕콕 찌르며 장난을 치기 시작합니다.

"선생님이 이야기 들려주려고 하시잖아. 장난치면 안 들려주실지도 몰라. 장난치지 말고, 좀 조용히 해봐~." 뒤쪽에 앉은 다현이의 다급한 목소리가 들립니다. 아이들 모두 자세를 고쳐 앉고서 눈을 감습니다. 선생님이 뭐 하시려나 싶어 실눈을 뜬 민석이가 보였지만, 그냥 모른 척합니다.

"어느 날, 선생님이랑 여러분이 개미만큼 작아졌다고 상상해 보세요. 그런데 그 순간, 우리 눈앞에 바나나 껍질이 나타났어요. 평소 같았으면 우리보다 한참이나 작은 바나나 껍질이었을 텐데 개미로 변하니까 어때요? 바나나 껍질이 우리 앞을 막고 있는 커다란 노란색 벽같이 느껴지지 않나요? 바나나 껍질 위를 기어오르려면 한참 올라가야 하네요. 껍질 위에 남은 끈적끈적한 과육 때문에 발이 쩍쩍 달라붙네요. 그런데 이 껍질 뒤에 또 뭐가 있었냐 하면은요…"

아이들은 키득키득 웃으며 상상하기 시작합니다. 그러다 한 친구가 손을 들고 말합니다.

"선생님, 제가 개미만큼이나 작아지면 교실 빗자루 털 하나가 진짜 나무처럼 크게 느껴질 거 같아요."

"빵 부스러기가 진짜 큰 돌덩이처럼 보일 수도 있겠어요!"

"바나나 껍질 뒤에 모래가 있었던 거 아니에요? 운동장 모래밭이 개미한테는 사막이었겠어요."

"아니, 아니 산. 산. 엄청 높은 산 같았을 수도 있겠어~."

아이들은 신나게 대답하기 시작합니다. 어떤 친구는 바나나 껍질 위에 물방울이 떨어져 있었을 거라면서, 개미에게는 '거대한 투명 공'처럼 보였겠다고 대답하더군요. 거대한 투명 공을 지나서 개미는 사막을 지나가게 되었고, 그곳에서 친구들을 만났답니다. 빵 부스러기들을 친구들과 하나둘 나눠가며, 마침내 집에 도착하게 되었다고 하면서요.

서로의 말을 이어가며 아이들은 더 많은 이야기를 풀어놓았고, 저는 아이들의 이야기를 칠판에 하나하나 적어주었어요. 아이들의 상상이 모여 하나의 재미있는 이야기로 완성되더군요. 상상의 물꼬를 터주니 그다음부터는 아이들 스스로 생각을 더해 이야기를 이어 나갔습니다. 이것이 바로 듣기를 통해 자라는 '상상력'입니다.

아이들은 이야기를 '듣는' 순간 단순히 내용을 받아들이는 데 그치지 않습니다. 책을 읽을 때는 글자와 그림이 상상을 돕지만, 이야기를 귀로만 들으면 아이의 머릿속은 훨씬 더 바빠지게 됩니다. 아이들은 부모님이 들려주는 이야기의 한마디 한마디를 색깔과 냄새, 소리로 바꿔서 인물의 말을 상상하고, 생생한 장면을 그려냅니다. 자신만의 생각을 더해 새로운 이야기도 만들어봅니다.

상상은 가르쳐주는 것이 아니라 열어주는 것입니다. 교실에서 바나나 껍질 하나로 시작된 이야기가 아이들의 상상을 더해 풍성한 모험담이 된 것처럼, 부모님의 작은 이야기는 아이의 상상력을 맘껏 펼칠 수 있는 시작점이 되어줄 것입니다. 아이와 함께 일상의 작은 조각으로 이야기를 시작해 보세요. 그 작은 조각이 아이의 상상력을 거쳐 어떤 놀라운 세계로 확장되는지 지켜보는 것만으로도 의미 있는 시간이 될 것입니다.

부모의 말 한마디가 생동감 넘치는
영상 속 한 장면으로 바뀌는 순간

엄마가 '끈적끈적한 바나나 과육'을 이야기하는 순간, 아이는 촉감과 냄새까지 함께 떠올립니다. 이렇게 여러 감각이 동시에 작용하면서 단어들은 더 생생하게 기억에 남게 되지요.

이야기를 들을 때 아이들은 여러 감각을 동원해서 상상하게 됩니다. "바나나 껍질이 커다란 노란색 벽같이 느껴지지 않아요?"라는 물음을 들으면, 아이들은 시각적인 이미지뿐만 아니라 그 벽을 오르는 느낌, 미끄러운 촉감, 바나나 냄새까지 동시에 떠올리게 됩니다.

그림책이나 영상에서는 이미 완성된 이미지가 주어지지만, 이야기를 들을 때는 아이가 직접 장면을 그려나가야 합니다. 아이들이 스스로 상상하며 듣는 이런 경험은 들은 내용을 더 깊이 이해하고 오래 기억하게 해줍니다. 귀로 듣고 마음으로 그리는 경험은 아이의 상상력을 풍부하게 키워줍니다.

빈 공간을 스스로 채우며
자라나는 상상의 시간

글과 그림이 없는 '입말 이야기'는 여백을 남깁니다. 아이는 그 빈자리를 배경, 인물, 결말을 마음껏 그려 넣으며 스스로 만든 세계속으로 더 깊숙이 걸어 들어가게 됩니다. 상상력은 누가 가르쳐주는 것이 아니라, 빈 공간을 스스로 채울 때 자라납니다.

에피소드에서도 살펴볼 수 있듯이, "그런데 이 껍질 뒤에 또 뭐가 있었느냐 하면요….."라고 말하며 잠시 멈췄을 때, 아이들은 각자 다른 대답을 내놓았습니다. "모래가 있었던 거 아니에요?", "산 엄청 높은 산."처럼 아이들은 같은 이야기를 들었지만 완전히 다른 세계를 상상했습니다. 이렇게 아이들은 제한 없이 자신만의 상상으로 이야기를 완성해 나갑니다.

이런 과정은 아이의 창의적 사고력을 발달시킵니다. 그림책이나 영상에서는 이미 작가나 제작자의 상상이 완성된 형태로 주어지지만, 이야기 듣기에서는 아이가 직접 이야기의 '공동 창작자'가 됩니다. 이 과정에서 아이는 단순히 정보를 받아들이는 것이 아니라 스스로 의미를 만들어갑니다. 이러한 경험은 글을 읽을 때도 문장 사이의 빈 공간을 채우며 맥락을 이해하는 능력으로 이어집니다.

관점을 바꾸는 순간
자라나는 유연한 사고력

'우리가 개미만큼 작아졌다'라는 설정 하나만으로 책상 다리 한 개가 커다란 산이 되고, 바나나 껍질이 성벽으로 변합니다. 이러한 관점의 전환은 아이의 사고를 자연스럽게 확장시키지요.

교실에서 한 아이는 "개미만큼 작아지면 교실 빗자루 털 하나가 진짜 나무처럼 크게 느껴질 것 같아요."라고 말하며, 평소에는 눈여겨보지 않았던 빗자루 털을 개미의 시선으로 거대한 나무에 비유했습니다. 또 다른 아이는 바나나 껍질 위의 물방울을 '거대한 투명공'으로 표현했습니다. 아이들은 이렇게 일상의 작은 사물을 전혀 다른 시각으로 바라보기 시작했습니다.

이러한 상상을 통해 아이들은 일상의 사물을 새롭게 인식하고 하나의 대상을 다양한 관점에서 바라보는 경험을 하게 됩니다. 정해진 답 하나만 찾는 것이 아니라, 뒷이야기를 꾸며보며 여러 가능성을 상상해 보는 연습은 문제 해결 능력의 기초가 됩니다. 작은 개미의 시점에서 세상을 바라보며 다른 관점에서 생각하는 공감 능력도 함께 기를 수 있습니다.

음성 리듬이
장면 전환 신호가 된다

엄마의 억양이 낮아지면 아이는 긴장하게 되고, 속삭임이 길어지면 더 집중해서 듣게 됩니다. 소리만으로 이야기의 흐름을 파악하면서 아이는 "이제 무슨 일이 벌어질까?" 하고 예측하며 기다리지요. 아이들은 이렇게 청각적 리듬을 따라가며 이야기에 더 깊이 몰입합니다.

이러한 음성 변화는 다음과 같은 구체적인 예에서 살펴볼 수 있습니다. "지수는 천천히 문을 열어보았다."라고 말할 때와 "그 순간 뒤에서 누군가가 어깨를 꽉 잡았다."라고 말할 때, 말하는 사람의 목소리 톤과 속도는 분명히 다릅니다. 아이들은 엄마나 선생님의 목소리 변화를 바탕으로 이야기의 흐름을 파악하고 중요한 부분에 주목하게 됩니다.

이러한 청각적 단서 읽기는 문해력의 중요한 요소입니다. 듣기에서 익힌 문장의 리듬과 강세 패턴은 나중에 글을 읽을 때 문장 구조를 파악하는 데 도움이 됩니다.

특히 듣기는 읽기와 달리 되돌릴 수 없다는 특성이 있습니다. 글을 읽을 때는 필요하면 다시 돌아가 읽을 수 있지만, 이야기를 들을 때는 놓친 부분을 되돌릴 수 없습니다. 이런 특성 때문에 아이들은 자연스럽게 더 집중하게 되고, 주의 깊게 경청하는 능력과 중요한 정보를 선별하는 능력을 키울 수 있습니다.

무엇보다 음성 리듬을 통한 이야기 듣기는 아이들의 상상력을 키우는 중요한 통로가 됩니다. 목소리의 높낮이와 속도 변화를 통해 아이들은 말로만 들은 내용을 머릿속에서 구체적인 장면으로 떠올리고, 스스로 이야기를 완성해 나갑니다. 이렇게 능동적으로 상상하며 듣는 경험은 창의적 사고력과 문해력 발달의 기초가 됩니다.

아이에게 귀로 듣는 이야기는 눈으로 보는 화면과 달리 무한한 상상의 공간을 열어줍니다. 아이가 상상한 색, 산책하며 느낀 감각, 새로운 시선으로 바라본 사물, 목소리의 리듬에서 느껴지는 감정까지, 이 모든 경험은 아이의 귀를 통해 시작되지요. 부모님이 들려주신 이야기를 들으며 장면을 떠올리고 이야기를 같이 만들어가는 과정에서 아이의 상상력과 창의력은 자연스럽게 자라납니다.

아이의 입을 여는
일상의 소리

"주꾸미가 제철입니다. 제철이에요! 요즘 장바구니 물가가 천정부지로 치솟아서 우리 어머님들 많이 힘드시지요? 그래서 홈더하기가 준비했습니다. 특가입니다 특가! 반값 타임 세일! 어머님들, 어서 주꾸미 모셔가세요. 상반기 마지막 세일입니다! 이번에 놓치면 상반기에는 이 값에 주꾸미 만날 수 없어요."

수산물 코너에 도착하자 한 직원이 마이크를 들고 열정적으로 외치고 있었어요. 사람들이 모여들자 아이도 궁금해하며 제 손을 끌었습니다.

아이는 눈을 동그랗게 뜨고 제게 물었습니다.

"엄마, 천정부지는 뭐예요? 그리고 제철은요?"

마트 방송을 대수롭지 않게 여겼었는데 아이 귀에는 새로운 단어들이 쏙쏙 들어왔나 봐요.

"천정부지는 천장이 보이지 않을 만큼 높다는 뜻이야. 물가가 너무 높아져서 끝이 안 보인다는 뜻이고, 제철은 그 음식이 가장 맛있는 계절을 뜻해."

"아하! 그럼 지금이 주꾸미 먹기 가장 좋은 때라는 거네요? 특가는 뭐예요?"

"특별히 싼 가격이라는 뜻이야. 평소보다 훨씬 저렴하게 파는 거지."

아이는 잠시 생각하더니 또 물었습니다.

"상반기는 뭐예요? 상반기 마지막 세일이라고 했는데."

"1년이 12개월이잖아. 그걸 반으로 나누면 앞쪽 6개월은 상반기, 뒤쪽 6개월은 하반기라고 해. 지금이 6월이니까 상반기가 끝나가는 때지."

"그럼 7월부터가 하반기구나! 하반기에도 할인 행사를 할까요?"

우리가 이야기하는 동안 직원은 계속해서 외치고 있었습니다.

"마지막 기회입니다! 오늘이 지나면 다시는 못 만날 가격입니다!"

"엄마, 저 아저씨 말이 맞나요? 오늘이 지나면 정말 이 가격에 못 사요?"

"음, 그건 아무도 모르지. 많이 팔려고 하는 말일 수도 있고, 진짜로 가격이 오를 수도 있어. 그런데 저렇게 말하면 사람들이 '지금

안 사면 손해'라고 생각해서 사게 되지."

아이가 고개를 갸웃하더니 물었습니다.

"그럼 사람들을 속이는 거예요?"

"속이는 건 아니야. 물건을 많이 팔고 싶으니까 최대한 좋게 말하는 거지. 그 말을 듣고 정말 필요한지, 정말 좋은 가격인지는 우리가 판단해야 해."

아이가 고개를 끄덕이며 말했습니다.

"그럼 주꾸미가 제철인 건 맞는데, 정말 싼 가격이 맞는지는 우리가 알아봐야 하는 거네요?"

아이의 반응에 내심 놀랐습니다. 단어 뜻만 묻는 것이 아니라 들은 내용을 다시 곰곰이 생각해 보고 있더라고요.

"그렇지! 우리가 들은 말을 그대로 다 믿기보다는 왜 그렇게 말하는지 걸러서 들어야 해."

"그럼 엄마, 우리 주꾸미 사요. 진짜 제철이 맞는지 확인해 보고 싶어요!"

아이의 말에 웃음이 나왔습니다. 마트 방송 하나가 이렇게 긴 대화로 이어질 줄이야. 일상 속 소리들이 아이에게는 살아 있는 공부가 되어주었습니다.

어휘력을 확장시키는
일상 속 새로운 단어들

마트의 판매 방송이나 TV 뉴스에서 흘러나오는 '천정부지', '제철', '상반기'와 같은 낯선 단어들은 아이의 호기심을 자극합니다. 일상에서 무심코 지나치는 이런 소리에서 아이는 새로운 언어들을 발견하게 되지요. 아이는 자연스럽게 "이게 무슨 뜻이에요?"라고 물으며 능동적인 학습자가 됩니다.

에피소드에서 아이는 마트 직원의 '주꾸미가 제철입니다', '천정부지로 치솟는 물가'와 같은 말을 듣고, '제철'과 '천정부지'의 의미를 물었습니다. 일상에서 쉽게 접하는 소리를 통해 단어가 사용되는 실제 맥락 속에서 의미를 파악하기 때문에 그 이해도 깊어지고 기억에도 오래 남습니다. 책이나 학습지에서 배우는 어휘는 종종 추상적으로 느껴지지만, 실생활에서 들은 단어는 구체적인 상황과 함께 기억되어 아이의 머릿속에 단단히 자리 잡습니다.

이렇게 일상의 소리에 귀 기울이는 습관은 책으로 배우는 것보다 더 자연스럽게 아이의 어휘력을 키워줍니다. 직접 가르치지 않아도 아이는 일상의 다양한 소리 환경에서 새 단어들을 흡수하고 자기 것으로 만들어갑니다.

질문과 대화를 통해
얻는 것

"천정부지가 뭐예요?", "제철은요?", "저 아저씨 말이 맞나요?"와 같은 아이의 이런 질문들은 단순한 호기심을 넘어 생각하는 힘을 기르는 출발점이 됩니다. 질문을 통해 아이는 들은 내용을 정리하고, 이해한 것과 모르는 것을 구분하며, 자신의 생각을 언어로 표현하는 연습을 합니다.

아이는 새롭게 알게 된 단어의 뜻을 묻는 것에 그치지 않고, "그럼 저건 사람들을 속이는 거예요?"와 같이 더 깊은 질문으로 나아갔습니다. 단순히 정보를 습득하는 수준을 넘어 스스로 생각해 보기 시작한 것이지요. 제 설명을 듣고 나서 "그럼 쭈꾸미가 제철인 건 맞는데, 가격이 정말 좋은지는 우리가 살펴봐야 하는 거네요?"라며 들은 내용을 토대로 자기 나름대로 정리하여 말하기도 합니다.

이러한 질문과 대답을 주고받으면서 아이의 사고력과 표현력이 함께 자랍니다. 아이는 질문을 통해 자신의 생각을 정리하고, 부모의 답변을 통해 새로운 정보와 관점을 얻게 됩니다. 이런 대화 경험이 쌓이면서 아이는 자신의 생각을 점점 말로 표현하는 것에 익숙해집니다.

일상 속 미디어 리터러시,
비판적 사고력의 기초

"상반기 마지막 세일입니다! 이번에 놓치면 상반기에는 이 값에 쭈꾸미 만날 수 없어요."와 같은 말에 의문을 품고, "저 아저씨 말이 맞나요?"라고 질문하는 아이의 모습은 초보적인 미디어 리터러시의 시작입니다. 미디어 리터러시란 들리는 정보나 보이는 내용을 그대로 받아들이지 않고, '이 말을 왜 하는 걸까?', '정말 맞는 말일까?'라고 생각해 보는 능력을 말합니다. 아이는 마트 직원의 말을 듣고, 그 의도와 진실성에 대해 의문을 품기 시작한 것이지요.

"많이 팔려고 하는 말일 수도 있고, 진짜로 가격이 오를 수도 있어."라고 아이에게 설명해 주면 아이는 메시지 뒤에 어떤 숨은 의도가 있는지 생각해 보게 됩니다. 광고, 뉴스, SNS 같은 다양한 미디어가 넘쳐나는 요즘 세상에서 이런 비판적 사고력은 아이에게 꼭 필요한 능력입니다.

일상 경험을 바탕으로 한 이런 배움은 교과서나 강의로 배우는 미디어 교육보다 훨씬 실감 나고 기억에 오래 남습니다. 이런 대화들을 통해 아이는 접하는 정보가 정말 맞는지, 왜 그런 말을 하는지 생각하는 습관을 기르게 됩니다.

실생활 문해력을
높이는 법

마트에서 들은 '상반기 마지막 세일'이란 표현을 통해 아이는 '상반기'와 '하반기'의 개념을 자연스럽게 배우게 됩니다. 아이는 '상반기'라는 단어의 의미를 묻고, 제 설명을 듣고 나서 7월부터 12월까지가 하반기라는 것을 스스로 유추해 냈습니다. 이렇게 실제 상황 속에서 배운 개념은 맥락 속에서 쉽게 잊어버리지 않고, 머릿속에 오래 남게 됩니다.

일상의 소리를 통해 아이의 일상에서 필요한 정보를 이해하고 활용할 수 있는 실생활 문해력functional literacy도 자연스럽게 길러집니다. 마트에서 들은 '상반기', '제철'과 같은 개념은 아이의 머릿속에 구체적인 상황과 함께 저장되어, 이후에 다양한 맥락에서 이 단어들을 만났을 때 더 쉽게 이해하고 활용할 수 있습니다.

아이의 언어는 거창한 교육보다 일상의 소리를 들으며 자랍니다. 지하철 안내방송, 마트의 광고 멘트, 뉴스 속 한 문장처럼 매일 스쳐 지나가는 소리들이 아이에게는 세상을 이해하는 단서가 됩니다. 듣기에서 출발한 이런 작은 경험들이 아이의 언어 감각을 깨우고, 사고의 깊이를 넓혀 생각하는 힘을 키워줍니다.

열심히 들었다는데
왜 이해를 못할까?

몇몇 아이들의 한숨 섞인 목소리가 여기저기서 들립니다.

"선생님, 저 정말 열심히 봤는데 기억이 잘 안나요."

"선생님 저는 탈피, 번데기… 이런 말이 무슨 말인지 모르겠어요."

3학년 교실에서 '동물의 한살이' 영상을 보여준 후 벌어진 일입니다. 분명 아이들은 집중해서 영상을 시청하는 것 같았는데, 막상 내용을 물어보니 제대로 답하지 못하는 아이들이 있었습니다.

"여러분, 개구리는 어떤 단계를 거쳐 자랄까요?"

교실은 잠시 조용해졌습니다.

평소에 적극적인 민지가 머뭇거리며 답합니다.

"알에서 나와요. 그리고 음… 개구리가 돼요."

"맞아요. 알에서 시작하지요. 그런데 개구리가 되기 전에 어떤 과정이 있었지요?"

"아! 맞다. 올챙이요."

"그럼, 나비는 어떤 과정을 거쳐 자라나요?"

이번에는 승재가 손을 들고 말했습니다.

"알에서 애벌레가 나오고, 그 다음에 번데기가 되고, 마지막으로 나비가 돼요!"

"잘 기억했네! 그런데 '번데기'가 무엇인지 설명할 수 있나요?"

우진이는 머뭇거리다가 답합니다.

"몸을 감싸는… 그런 거요…."

내용을 이해하지
못하는 이유

아이들이 열심히 들었다고 하는데 내용을 제대로 이해하지 못하는 경우는 대개 아래와 같은 세 가지 이유에서 비롯됩니다.

첫째, 들은 정보를 구조화하지 못하는 경우입니다. 영상에서는 '동물의 한살이'라는 큰 틀 안에서 나비, 개구리 등 각 동물의 성장 과정을 단계별로 보여주었습니다. 하지만 아이들은 이런 정보들을 하나의 구조로 연결해서 이해하지 못하고, 흩어진 조각 정보로만 기억했습니다.

둘째, 핵심 내용과 부가적인 내용을 구분하지 못하는 경우입니다. 영상 속 정보들은 각각 중요도가 다름에도 불구하고, 아이들은 모든 내용을 똑같은 비중으로 받아들였습니다. 그 결과 핵심 내용은 놓치고 자신에게 흥미로웠던 단편적인 사실들만 기억하는 경향을 보였습니다.

셋째, 생소한 어휘나 개념 때문에 이해의 연결고리가 끊어진 경우입니다. '번데기', '탈피', '변태'와 같은 과학 용어들이 아이들에게는 낯설었습니다. 하나의 용어를 이해하지 못하면 그 뒤에 이어지는 설명도 따라갈 수 없게 되어 점점 더 내용에서 멀어지는 악순환이 벌어진 것이지요.

내용을 이해시키는 다섯 가지 전략

아이들이 왜 이해하지 못했는지 원인을 살펴봤으니, 이제는 어떻게 도와줄 수 있을지 찾아볼 차례입니다. 지금부터 다섯 가지 듣기 전략을 소개합니다

1. 낯선 단어부터 해결하기

"영상을 보기 전에 반드시 알아야 할 중요한 단어들을 먼저 살펴볼까요?"

칠판에 아이들이 생소하게 느꼈던 '번데기', '탈피', '변태' 등의 단

어를 적고 쉽게 설명해 주었습니다. 이해를 돕기 위해 그림도 그려 주었습니다.

"탈피는 동물이 자라면서 작아진 껍질을 벗어버리는 걸 말해요. 우리가 키가 커서 작은 옷을 벗고 큰 옷으로 갈아입는 거랑 비슷해요."

키가 커서 작은 옷을 벗고 큰 옷으로 갈아입는다는 비유가 마음에 들었는지 아이들은 눈을 반짝입니다. 어렵게 느껴졌던 낯선 단어가 친근해진 거죠.

2. 순서대로 정리할 수 있게 도와주기

그다음 학습지를 나누어주었습니다. 개구리, 나비 등과 같은 동물들의 한살이 과정을 그림으로 나타낼 수 있는 빈칸을 만들어놓고, 각 단계별 특징도 간단히 적을 수 있도록 핵심 단어가 들어갈 곳을 네모 칸으로 표시해 두었습니다.

배추흰나비의 경우는 알, 애벌레, 번데기, 어른벌레(나비) 총 네 칸을 만들어놓고, 각 단계의 특징을 그림으로 그려볼 수 있도록 구성했습니다.

3. 핵심 내용에 집중하기

"여러분, 여기 네모 칸 보이지요? 네모 칸에 들어갈 단어들이 오늘 영상에서 가장 중요한 내용이에요. 네모 칸에 들어갈 내용이 무엇인지 특히 집중해서 들어보세요."

"반복해서 나오는 부분은 중요하다는 이야기니까, 영상을 볼 때 계속 반복해서 나오는 부분이 어딘지도 집중해서 보세요."

학습지의 빈칸들은 아이들에게 '여기가 중요한 부분'이라는 신호를 보내는 역할을 했습니다. 아이들은 시청한 내용들 모두를 기억해야 한다는 부담감도 덜어내고, 핵심이 되는 부분에 집중할 수 있게 되었지요.

4. 손으로 쓰면서 듣기

"영상을 보면서 학습지의 빈칸들을 채워볼까요? 필요하면 그림을 그려도 됩니다. 그림은 너무 예쁘게 그리지 않아도 돼요."

학습지 없이 시청할 때보다 아이들의 집중도가 확연히 달라졌습니다. 귀로 듣고, 눈으로 보고, 손으로 쓰는 활동이 모두 합쳐지면서 아이들의 기억에도 더 생생하게 남게 되었지요.

5. 친구와 함께 다시 말해보기

영상이 끝난 후, 짝과 함께 활동지를 확인해 보았습니다.

"이제 짝과 함께 여러분이 정리한 내용을 서로 말해보세요. 친구가 놓친 부분이 있으면 도와주고요."

친구들이 그린 한살이 그림을 보고 킥킥 웃기도 하고, 한층 신이 난 모습으로 자신이 놓친 내용을 적어넣기도 했습니다. 들은 내용을 자신의 말로 다시 설명하면서 아이들은 자신이 얼마나 이해했는지 확인하고, 부족한 부분은 자연스럽게 채워 넣을 수 있었지요.

같은 질문을 다시 했을 때, 아이들은 훨씬 더 정확하고 자신 있게 대답했습니다.

"선생님, 이번엔 훨씬 더 많이 기억이 나요!"

"저는 나비의 한살이가 제일 기억에 남았어요. 애벌레가 번데기가 되고, 번데기 안에서 완전히 모습이 바뀐다는 것이 너무 신기해요!"

"배추흰나비 애벌레가 탈피하는 장면이 너무 신기해요!"

같은 영상, 같은 아이들인데도 이해도가 확연히 달라졌습니다. 그 차이는 바로 '어떻게' 들었느냐에 있었습니다.

평소 우리는 아이들에게 '잘 들어야 한다'라고 말하지만, 정작 어떻게 들어야 하는지는 제대로 알려주지 않습니다. 하지만 아이들에게 구체적인 듣기 전략을 알려주면 놀라운 변화가 일어납니다.

앞서 살펴본 것처럼 아이들이 듣기 자료를 접하기 전에 낯선 단어의 의미를 미리 알려주고, 들은 내용을 순서대로 정리할 수 있도록 돕는 것. 또 핵심 정보에 집중할 수 있게 안내해 주거나 듣는 동안 손으로 직접 메모하게 하고, 자신의 말로 다시 설명해 보게 하는 것입니다. 이런 전략을 익힌 아이는 어떤 내용이든 훨씬 더 깊이 있게 이해할 수 있게 됩니다.

좋은 듣기 전략을 익힌 아이는 정보를 순서대로 정리하고 중요한 것을 골라낼 수 있습니다. 그리고 들은 내용을 자신의 언어로 다시 말할 수 있게 되지요. 이러한 능력은 자연스럽게 읽기, 말하기, 쓰기 뿐 아니라 학습 능력으로도 확장됩니다.

귀로 듣고 머릿속으로 정리하는 일상의 작은 습관들이 아이의 문해력을 탄탄하게 다져줍니다. 이야기를 요약하고, 핵심 단어를 찾고, 모르는 표현을 질문하는 과정을 통해 아이는 정보를 체계적으로 받아들이고 이해하는 방법을 자연스럽게 익힐 수 있습니다.

2장

입

말하기는 아이의
문해력을 확장시킨다

말은 아이 내면에 담긴 생각이 바깥으로 나오는 창입니다.

아이는 자신이 느끼고 생각하는 것을 말로 꺼내는 순간, 스스로를 더 분명하게 인식합니다. 그리고 그렇게 꺼낸 말은 다시 듣고, 고치고, 이어지며 점점 더 넓은 세계를 만나게 되지요.

말은 단순히 '어휘'나 '표현력'만을 뜻하지 않습니다. 아이의 말속에는 생각과 감정, 그리고 사물과 세상을 바라보는 고유한 틀이 고스란히 담겨 있습니다. 자신을 이해하는 말, 세상을 설명하는 말, 타인과 연결되는 말, 이 모든 말을 통해 아이가 어떻게 세상을 해석하는지, 어떤 시선으로 자신과 타인을 바라보는지를 알 수 있습니다.

그런데 왜 말하기가 문해력과 연결될까요?

말은 생각을 구조화하는 과정입니다. 머릿속에 흩어져 있던 생각들이 말이 되는 순간, 순서와 논리를 갖추며 의미를 만들어냅니다. 이렇게 말로 표현하는 경험이 쌓일수록 아이는 글을 읽을 때도 그 안의 구조와 논리를 더 잘 파악하게 됩니다.

그렇다면 부모는 무엇을 해줄 수 있을까요?

아이가 자신의 생각과 감정을 자연스럽게 표현할 수 있도록 편안한 환경을 만들어주고, 아이의 말을 들어주며 이어가는 '대화의 힘'을 길러주는 것입니다. 말은 결국 관계 안에서 피어나지요. 말을 배우고 자라는 과정에는 늘 누군가의 따뜻한 응답과 기다림이 함께 있어야 합니다.

이 장에서는 아이의 말이 어떻게 사고력과 문해력으로 발전하는지 단계별로 살펴봅니다. 첫 번째 꼭지에서는 아이가 편안하게 말할 수 있는 마음 환경을, 두 번째 꼭지에서는 부모의 일상언어가 아이의 문장력에 미치는 영향을 살펴봅니다. 세 번째와 네 번째 꼭지에서는 말을 통해 마음을 표현하고 이해를 확인하는 과정을 다룹니다. 마지막 꼭지에서는 아이 내면에 담긴 생각과 관점을 꺼내놓을 수 있도록 돕는 구체적인 방법에 관해 이야기하고자 합니다.

아이는 말을 통해 생각을 정리하고, 자신만의 관점을 형성하며, 세상을 해석하는 방식을 발견해 갑니다. 부모가 아이의 말에 귀를 기울일 때, 아이는 단어 이상의 생각을 키우며 자신의 세계를 넓혀 갑니다. 아이는 자신이 보고 느낀 것을 말로 표현하면서 세상과 연결되기 시작합니다. 말하기는 단지 말을 잘하는 기술이 아니라, 생각을 정리하고 표현하며 언어를 자기 것으로 만드는 문해력의 중요한 과정입니다.

아래의 질문들을 통해 우리 아이의 말하기 문해력이 어떤 모습으로 자라고 있는지 살펴보세요. 이 체크리스트는 아이가 얼마나 자신의 생각을 말로 풀어낼 수 있는지, 그리고 그 말을 얼마나 차근차근 구성하고 확장하는지를 확인해 보는 출발점이 될 것입니다.

1. 자신의 경험이나 생각을 자연스럽게 말로 표현해 보려 하나요?

2. 이야기나 설명을 듣고, 자신의 말로 다시 요약해 보려 하나요?

3. 말 하기 전에 어떤 내용을 어떻게 말할지 스스로 떠올려보려 하나요?

4. 말할 때 처음–중간–끝이 이어지도록 차례를 생각하며 구성해 보려 하나요?

5. 상황이나 주제에 어울리는 단어나 표현을 골라 쓰려 하나요?

6. 대화 중에 자연스럽게 질문하거나 상대의 말에 반응해 보려 하나요?

초등 저학년(1~3학년)

말하고 싶은 마음이 자라는 시기(1, 2, 3번 항목)

이 시기의 아이들은 말하고 싶은 마음이 앞섭니다. 자신이 겪은 일이나 느낀 감정을 말로 표현하고 싶어 하며 들은 이야기나 설명을 자기 말로 다시 표현해 보고 싶어 합니다. 또한 말을 하기 전에 머릿속으로 내용을 떠올려보려는 모습도 서서히 나타나기 시작하지요.

말이 다소 어눌하거나 논리적이지 않더라도 아이의 말 속에 담긴 의미를 함께 찾아주고 끝까지 들어주는 태도가 중요합니다. "그땐 어떤 기분이었어?", "그다음엔 어떻게 됐어?", "네가 생각하기엔 어땠어?"와 같이 아이가 스스로 이야기를 이어갈 수 있는 질문을 건네주세요. 아직 부족해 보여도 고학년이 되면 자연스럽게 구조와 표현이 더 또렷해지므로 걱정하지 않으셔도 됩니다.

초등 고학년(4~6학년)

말에 생각과 구조가 실리는 시기(3, 4, 5, 6번 중심)

고학년이 되면 아이는 말하기를 통해 자신의 생각을 정리하고 상황에 따라 표현을 조절하려는 모습을 보입니다. 말하기 전 내용을 스스로 떠올려보고, 처음-중간-끝의 흐름을 의식해서 말하려고 하며, 상황에 맞는 단어를 골라 쓰는 어휘 감각도 발달합니다. 대화 중 자연스럽게 질문을 던지며 상대와 소통하는 모습도 보입니다.

이러한 능력은 갑자기 생기는 것이 아니라 저학년부터 쌓아온 '말해보는 경험' 위에서 정돈되어 가는 과정입니다. 말에 논리나 목적이 담기기 시작하는 이 시기에는 아이의 말을 바로잡기보다는 "지금 말한 걸 짧게 정리해 볼래?", "그때 기분을 다른 말로 표현한다면 어떻게 말할 거야?"와 같은 확장형 질문으로 사고와 표현을 함께 이끌어주세요.

마음이 편해지면
말은 자연스럽게 따라온다

　민재는 책도 많이 읽고, 아는 것도 많은 것 같은데 학기 초 발표 시간만 되면 유독 긴장한 모습입니다. 본인 차례만 되면 얼굴이 빨개지고 목소리도 개미만큼 작아집니다. 국어 시간에 자신이 읽은 책 표지와 내용을 친구들에게 소개하는 활동이 있었습니다. 책 표지와 소개 글을 멋지게 그리고 쓴 민재에게 기회를 주고 싶었어요. "민재야, 민재가 그린 표지랑 소개글 너무 멋지던데 친구들한테 한번 소개해 볼래?"라고 했더니, 고개를 끄덕이다가 이내 다시 고개를 내젓더군요. 그러고는 모기 만한 목소리로 말합니다.

　"선생님, 친구들 앞에서 실수할까 봐 무서워요."

　수업을 하다 보면 발표하려고 손을 살포시 들었다가도 친구들의 시선이 부담스러워 금세 손을 내리는 아이들이 종종 있습니다.

국어 시간에 '감정을 나타내는 단어들'을 공부하고 나서, 저는 교실 칠판에 감정 자석판을 붙였습니다. 아이들 이름이 적힌 자석판을 칠판 한쪽에 붙여놓고, 매일 아침 등교 후 자신의 감정을 표시해 보게 했습니다. 마음이 흐린 날이면 흐린 얼굴의 자석을 붙이게 하고, 기쁜 날이면 기쁜 얼굴의 자석을 붙이게 했습니다. 그런 후에 돌아가면서 오늘 자신의 기분을 자유롭게 발표해 보게 했지요. 아이들과 미리 친구들이 어떤 이야기를 해도 경청해 주고, 박수쳐 주기로 약속했습니다.

"제 마음은 기쁨입니다."
"제 마음은 오늘 흐림입니다. 왜냐하면 오늘 아침 엄마와 싸웠기 때문입니다."
"제 마음은 놀람입니다. 왜냐하면 아침에 일어났는데, 출근해야 할 아빠가 아직도 주무시고 계셨기 때문입니다.

아이들은 처음에는 자리에 앉아서 아주 작은 소리로 웅얼거리거나 한 문장만 말하고 앉기도 했습니다. 일어서서 한 문장을 말하기만 해도 엄청난 용기를 낸 거라고 정말 잘했다며 칭찬해 주고 아이들과 함께 박수를 쳐주었습니다. 틀린 답이란 없기 때문에 아이들은 편안하게 말할 수 있었지요. 그러다 하루이틀 시간이 지나자 아이들은 점차 자신의 감정을 친구들 앞에서 표현하는 데 익숙해졌고, 더 자세히 이야기하기 시작했습니다.

민재 역시 처음에는 자기 자리에 앉아 "제 마음은 보통입니다."라고 말했지만, 나중에는 "제 마음은 설렘입니다. 왜냐하면 오늘 수업이 끝나고 엄마, 아빠와 에버랜드에 가기로 했기 때문입니다."라고 말하기 시작했습니다. 자신이 읽은 책 중에 가장 인상 깊었던 장면을 소개하는 활동에서는 스스로 손을 들고 발표를 하기도 했습니다.

"저는 《나는 개다》에서 강아지 구슬이가 식구들 모두 학교에 가고 출근한 뒤, 혼자 집에 남아 있는 장면이 가장 인상 깊었어요. 식구들을 기다리면서 아래층 택배 온 소리, 새 소리 등등 건물에서 들리는 모든 소리를 다 듣고 있는 모습이 재미있었어요. 우리 집 강아지 쏭이도 제가 집에 올 때까지 저러고 기다리겠구나 싶더라고요. 집에 가면 잘해줘야겠어요."

민재는 작은 목소리긴 했지만 자신의 생각과 감정을 조리 있게 발표했습니다. 민재의 발표를 듣고 나서 "맞아. 우리 집 콩콩이도 저러고 있었을 거야.", "민재도 강아지 키우는구나. 좋겠다."라며 아이들이 맞장구를 쳐주자, 민재의 얼굴에는 미소가 번졌습니다.

그렇게 민재는 조금씩 친구들 앞에서 자신의 생각과 감정을 자신 있게 발표하기 시작했습니다. 학기 말에 있었던 '나 발표회'에서 자신이 좋아하는 공룡 모형들을 들고 와서는 친구들 앞에서 신나게 소개하던 모습을 잊을 수가 없습니다.

"제 꿈은 공룡을 연구하는 과학자입니다. 저는 공룡을 좋아합니다. 특히 트리케라톱스가 제일 좋습니다. 트리케라톱스는 머리에 뿔이 세 개가 있고, 목 뒤에는 프릴이라는 큰 방패가 있습니다. 생김새는 무섭게 생겨서 육식 공룡일 것 같은데 식물을 먹는 채식 공룡입니다. 그래서 저는 트리케라톱스를 가장 좋아합니다."

마음이 편해지면 말은 자연스럽게 따라옵니다. 아이들이 '여기는 내가 마음 놓고 말해도 되는 공간. 이 사람은 내가 어떤 말을 해도 비난하지 않고 내 이야기를 잘 들어주는 사람'이라는 안전함을 느낄 때, 아이들은 조금씩 자신감을 키우고 결국 자신의 목소리를 찾게 됩니다.

'나의 이야기는 가치가 있다'라는 메시지들이 쌓여갈수록 아이는 자신의 생각과 경험을 더 풍부하게 표현할 수 있게 됩니다. 이렇게 자신 있게 말하는 힘을 기른 아이는 친구들과 텍스트, 그리고 넓은 세상과도 더 적극적으로 소통할 수 있게 되지요.

부모가 아이에게 미치는
절대적인 영향력

심리학자 존 가트맨의 연구에 따르면, 아이의 감정을 인정하고 공감해 주는 부모의 자녀들은 정서 지능과 의사소통 능력이 더 발달한다고 합니다. "그랬구나, 그런 일이 있었구나. 네가 그런 기분이

들었겠다.”와 같은 공감적 반응은 아이에게 심리적 안정감을 제공합니다.

아이들의 말하기 능력과 자신감은 부모가 제공하는 심리적으로 안전한 공간에서 꽃 피울 수 있습니다. 부모님들이 완벽한 답을 요구하기보다 아이의 표현 자체에 가치를 두고 아이의 말에 진정한 관심과 존중을 보일 때, 아이들은 자신의 생각과 감정을 자유롭게 표현할 수 있게 됩니다.

가정에서 이러한 긍정적인 의사소통을 경험한 아이들은 타인과의 소통에서도 자신감을 가지고, 다양한 상황에서 자신의 목소리를 낼 수 있는 능력을 갖추게 됩니다. 학교생활에서도 적극적으로 묻고 답하며, 친구들 앞에서 발표하는 것을 두려워하지 않습니다. 마음이 편해지면 말은 자연스럽게 따라오는 법입니다.

반대로 마음이 불편하면 아이의 말문은 닫힙니다. 부모의 말 한마디, 표정 하나가 아이에게는 큰 영향을 미칩니다. 같은 말이라도 부모의 태도에 따라 아이의 표현은 자라나기도 하고 위축되기도 합니다. 지금부터 아이의 표현을 돕는 부모의 태도를 살펴보겠습니다.

1. 완벽한 답만을 요구하지 말 것

부모님들은 아이들이 말하기를 시작할 때 자신도 모르게 다양한 방식으로 아이들의 표현을 제한합니다. 특히 많은 부모님들이 아이들에게 완벽한 답을 요구하는 경향이 있습니다.

"그건 아니지."

"그렇게 말하는 게 아니라…."

"그렇게 말하면 다른 사람들이 너를 이상하게 볼 거야."

"말 좀 똑바로 해봐."

이런 말들은 아이에게 '말하기에는 정답이 있다.'라는 메시지를 전달합니다. 이로 인해 아이는 자연스럽게 '틀릴까 봐 겁이 나서 말하지 않는 습관'을 갖게 되지요. 완벽한 답을 요구받으면 아이들은 자기 검열을 시작합니다. '이 말을 해도 될까?', '틀리면 다들 나를 비웃는 거 아닐까?', '이건 바보 같은 말 아닐까?' 이런 의심들이 머릿속을 자리 잡게 되면, 아이의 목소리는 점점 더 작아지고 고개와 눈도 점점 아래를 향하게 됩니다. 그렇게 아이의 말문은 닫히기 시작하지요.

2. 표정과 몸짓도 신중하게

부모의 표정과 몸짓, 시선과 같은 비언어적 반응 역시 아이의 말문을 막습니다. 아이가 말할 때 관찰해 보세요. 아이는 누구보다 엄마 아빠의 반응을 신경 쓰며 말을 이어갑니다.

아이가 말하는 도중 스마트폰을 보는 행동, 고개를 살짝 젓거나 정답이 아닌 듯 고개를 갸우뚱하는 몸짓, 한숨과 같은 부정적인 비언어적 신호는 아이에게 "내 말이 재미가 없나 봐.", "지금 말하지 말라는 뜻인가?", "내가 실수한 건가 봐.", "이건 중요한 이야기가 아닌가 봐."와 같은 부정적인 메시지를 전달하게 됩니다. 이러한 경험이 쌓이면 아이는 점점 자신감이 떨어지고, 자신의 생각과 감정을 표현하는 것을 두려워하게 됩니다.

〈초등학교 저학년 자녀를 둔 부모- 자녀 간 의사소통 양상 분석〉의 김윤정, 권순희(2015)의 연구에서도 이러한 모습이 드러납니다. 엄마가 아이의 감정을 잘 읽어주고 협력적인 의사소통을 하려고 노력했을 때 아이는 말을 많이 했습니다. 반면 의심하거나 추궁하는 태도, 비난하는 방식으로 말한 엄마를 둔 아이는 자신의 생각이나 느낌을 잘 표현하지 않았으며, 엄마의 말도 귀담아듣지 않았습니다.

주목할 점은 많은 엄마들이 스스로가 자신의 의사소통 방식이 아이에게 어떤 영향을 주는지, 아이가 어떤 부분에 불만을 느끼는지 인식하지 못하고 있었다는 것입니다. 이는 부모가 아이에게 평소에 무심코 하는 언어적, 비언어적 표현들을 자각하지 못하고 있음을 보여줍니다.

3. 집에서 시작된 마음은 학교까지 이어진다

아이는 부모를 통해 생각보다 많은 것들을 듣고, 보고, 느끼고 있습니다. 부모의 말뿐 아니라 비언어적인 태도까지 내면화하지요.

"엄마는 내가 말을 하면 자꾸 끊으셔."

"아빠는 내가 말할 때 스마트폰만 보셔."

"엄마는 내가 무슨 말만 하면 그렇게 말하는 게 아니래."

이런 마음은 결국 말하기를 향한 아이의 마음도 닫게 만듭니다. 그 여파는 학교생활까지 이어지게 되지요. 가정에서 말하기에 자신감을 잃은 아이는 학교에서도 친구들 앞에서 발표하기를 두려워하고, 질문에 답하기를 꺼립니다. 이는 학업 성취와 사회적 관계 형성에도 부정적 영향을 미칠 수 있습니다.

4. 아이의 표현력을 돕는 부모의 태도

말하고 싶은 아이로 자라게 하려면 '말하고 싶은 환경'을 만들어주어야 합니다. 이를 위해 부모가 할 수 있는 일은 의외로 간단합니다. 아이의 말에 진심으로 귀를 기울이는 태도, 고개 끄덕임, 눈 맞춤, 미소와 같은 긍정적인 비언어적 신호는 아이에게 "네 이야기가 중요해."라는 메시지를 전달합니다. 실수해도 괜찮다는 부모의 말, 아이의 말을 중간에 끊지 않고 끝까지 기다려주는 모습, 아이의 생각에 관심을 보이는 질문은 아이에게 자신감을 심어주고 아이가 말을 하고 싶게 만듭니다.

• 적극적으로 경청하기

아이가 말할 때 눈을 맞추고 끄덕이며 들어주세요.

• 열린 질문하기

   "왜 그렇게 생각했어?"처럼 아이의 생각을 더 듣고 싶다는 의사를 표현

   해 주세요.

• 판단 유보하기

   정답이 아닐지라도 "그럴 수도 있겠다."라고 아이의 관점을 인정해 주

   세요.

• 과정 칭찬하기

   조리 있게 말하지 못해도 아이가 자신의 생각을 표현하려는 노력 자체를

   칭찬해 주세요.

• 감정 공유하기

   "네 이야기를 들을 수 있어서 좋아."라고 아이와 함께하는 소통의 즐거

   움을 표현해 주세요.

이런 부모의 반응은 아이에게 다음과 같은 메시지를 전달합니다.

"말하기에 정해진 답은 없어."

"어떤 말이라도 너의 이야기는 소중해."

"실수해도 괜찮아, 그게 배움의 과정이야."

"너의 말엔 언제나 귀 기울일 준비가 되어 있어."

"넌 소중한 사람이야."

이런 메시지가 쌓일수록 아이는 자신의 마음을 표현하고, 타인과 소통하는 것이 즐겁고, 행복하고, 소중한 일임을 깨닫게 됩니다.

말은 마음 위에 자랍니다. 아이의 마음이 편안해야 말이 자라고, 말이 자라야 문해력과 의사소통 능력이 발달합니다. 아이가 말을 시작하려 할 때는 그저 편안하게 기다려주세요. 아이의 말은 부모의 따뜻한 반응 속에서 자라납니다. 그리고 아이의 말하고 싶은 마음을 응원해 주세요. 가정은 바로 그 첫 출발점입니다.

밥상머리 대화,
아이의 언어를 깨운다

"2,000원이나 차이가 났다고?"

"응. 2,000원. 오늘 마트 갔다가 깜짝 놀랐어. 지난주에 인터넷으로 주문한 코인육수랑 똑같은 건데, 개당 2,000원이 더 비싸더라고."

된장국을 한 숟갈 뜨다가 문득 마트에서 본 코인육수 가격이 떠올라 남편에게 말했습니다.

"그렇지. 같은 제품인데 온라인에서 사면 훨씬 싸지. 그리고 한 개 말고 묶음으로 사면 더 싼데 여러 개 산 거 아냐?"

"응, 세 개를 한꺼번에 사면 더 싸길래 그렇게 샀지."

"묶음으로 사서 가격이 더 저렴했겠네. 오프라인은 임대료도 들고, 직원들 인건비도 있으니까 온라인이랑 단가가 다르게 책정되는 거지."

그때였습니다. 조용히 밥을 먹고 있던 아이가 아빠에게 말을 건 넵니다.

"아빠, 똑같은 코인육수인데 왜 가격이 다른 거예요? 공장에서 나온 건 다 같은 거 아니에요? 단가랑 임대료는 뭐예요?"

"오~ 우리 아들이 궁금한 게 많네. 오프라인이랑 온라인에서 왜 가격 차이가 나는지 궁금했구나."

물을 마시던 남편은 저와 아이를 번갈아 보더니 아이의 말에 진지하게 대답해 주었습니다.

"임대료는 집 앞 슈퍼나 피자가게처럼 공간을 빌릴 때 건물 주인에게 내는 돈을 말해. 마트는 땅값, 건물값, 전기세 같은 비용이 들어. 그리고 공장에서 나온 물건이 창고를 거쳐 마트 선반에 오를 때까지 옮기고 보관하고 진열하는 데 드는 돈을 다 합쳐 '유통비용'이라고 해. 그래서 이런 비용들이 물건값에 더해지는 거야."

아빠의 설명을 듣더니 아이는 눈을 반짝이며 말했습니다.

"과자봉지 뒷면에서 유통기한을 본 적이 있어요. 그때 쓰는 '유통'이랑 같은 뜻이죠? 마트는 유통비용이 더 들어서 인터넷에서 사는 것보다 더 비쌀 수도 있겠네요. 그럼 단가는 뭐예요?"

"단가는 물건 하나당 가격을 말해. 마트에서 낱개로 사면 단가가 높고, 온라인은 묶음으로 파니까 하나당 가격이 내려갈 수 있지. 예를 들어 네가 좋아하는 쿠앤크 초콜릿을 마트에서 사면 한 개에 2,000원, 인터넷에서 여러 개를 한꺼번에 사면 한 개에 1,400원이야. 이때 온라인의 단가가 더 낮다고 말하는 거야."

아이는 잠시 생각하더니 신이 난 표정으로 말했습니다.

"그럼 마트는 바로 살 수 있어 편하지만 좀 더 비싸고, 온라인은 더 싸지만 물건이 도착할 때까지 기다려야 해서 불편할 수 있겠네요. 그런데 싸다고 필요 없는 것까지 여러 개 사면 오히려 낭비가 될 수도 있고요. 아빠, 저 내일 친구들이랑 슈퍼에 가서 직접 비교해 볼래요. 친구들이랑 나눠 먹을 꿈틀이 젤리를 어디서 사는 게 더 좋을지 꼼꼼히 따져볼게요."

아이의 말하기는 가족들과의 대화 속에 적극적으로 참여하는 순간부터 시작됩니다. "아빠, 그런데요." 하고 대화 속에 본인도 참여하고 싶다는 신호를 보냈을 때, 부모가 아이의 의도를 알아차리지 못하거나 못 들은 척한다면 아이의 의욕은 금세 꺾여버립니다.

부모로들이 자주 하게 되는 실수는 "어른들 이야기야." 또는 "나중에 커서 알게 될 거야."라며 아이의 작은 목소리를 흘려보내고, 어른들끼리의 대화에만 집중하는 것입니다. 하지만 그 호기심 어린 눈빛을 알아채고 대화의 문을 열어줄 때, 아이의 언어능력은 놀라운 속도로 자라나기 시작합니다.

식탁에서 오간 짧은 대화에서 아이는 많은 것도 배웁니다. 자신의 생각을 표현하고 질문하는 것이 가치 있는 일임을 알게 됩니다. 아이는 부모의 대화에 자연스럽게 참여하면서 새로운 단어와 개념을 익히고, 그것을 자기 언어로 표현하는 법을 배웁니다. 아이의 질문을 귀찮아하지 않고 진지하게 답하며 함께 고민하는 과정에서 아이의 사고력과 언어는 향상됩니다. 부모가 주의 깊게 들어주고 대답하는 모습을 아이는 있는 그대로 배우며, 다정하고 배려 있는 언어 사용자로 자라나게 됩니다. 아이의 말하기 문해력은 바로 이런 순간들 속에서 조금씩, 그러나 확실하게 자라나고 있습니다.

대화의 주체로 인정받을 때, 자라나는 자신감

부모의 대화 중에 아이가 "아빠, 근데요."라며 대화에 함께 참여하고 싶어 할 때, 아이의 작은 목소리를 알아채고 반응해 주는 것만으로도 큰 변화를 가져옵니다. 아이는 자신도 이 대화의 중요한 구성원이라는 걸 느끼게 되거든요.

처음에는 단순한 질문으로 시작했지만, 부모의 따뜻한 반응이 이어질수록 아이는 점점 더 자신감 있게 자신의 생각을 말하게 됩니다. 자신의 의견을 표현해도 괜찮다는 안전감을 느낀 아이는 실수를 두려워하지 않고 적극적으로 질문하고 대화에 참여하려고 합니다.

이러한 긍정적인 경험들은 아이가 건강한 자아 존중감을 형성하는 데 도움을 줍니다. 그리고 가정을 넘어 학교와 사회에서도 자신의 목소리를 낼 수 있는 자신감을 키워줍니다.

아이의 질문에 진지하게 답할 때, 깨어나는 호기심

아이의 질문에 "나중에", "어른들 얘기야."라며 넘기지 않고 성의 있게 답해줄 때, 아이는 꼬리에 꼬리를 무는 질문을 하며 자신의 생각을 확장해 나갑니다.

에피소드에서 아이는 처음에 "단가랑 임대료는 뭐에요?"라고 단어의 의미만 물었지만, 대화가 진행되면서 오프라인이 더 비싼 이유까지 궁금해했습니다. 이러한 꼬리에 꼬리를 무는 질문을 통해 아이는 자신의 언어를 점점 확장하고 정교하게 다듬어갑니다.

부모가 아이의 눈높이에 맞춰 차근차근 설명해 주고, "좋은 질문이네!"라는 격려의 말을 덧붙여주면 아이는 자신의 복잡한 생각도 말로 표현해 보려는 용기를 갖게 됩니다. 아이의 질문에 진지하게 응답해 주는 것은 아이의 궁금증을 해결해 줄 뿐만 아니라, 아이가 자신의 생각을 조리 있게 말할 수 있게 도와줍니다. "왜 그럴까?", "어떻게 생각해?"와 같은 질문은 아이의 사고를 더 확장시켜 주지요.

일상 대화 속에서 익히는 어휘

식탁에서 오가는 대화를 통해 아이는 새로운 어휘들을 생생하게 배웁니다. 아이는 인쇄된 책이 아닌 실생활 속에서 '임대료', '단가', '유통 비용'과 같은 단어를 만나며 자연스럽게 익힙니다.

특히 에피소드에서 아이가 "과자 뒷면에 유통기한이라고 적혀 있잖아요?"라며 이미 알고 있는 '유통기한'에서 '유통 비용'의 의미를 추론한 과정은 단어를 단순히 암기하는 것보다 훨씬 학습 효과가 좋습니다. 이렇게 부모의 말하는 방식을 자연스럽게 관찰하고 따라하면서 아이는 점차 더 정교하게 표현할 수 있게 됩니다.

부모가 아이의 눈높이에 맞춰 적절한 어휘를 사용하고 필요한 경우 그 뜻을 친절하게 설명해 주면, 아이는 새로운 단어를 두려워하지 않고 조금씩 자신의 어휘 세계를 확장해 갈 수 있습니다. 이렇게 일상 대화 속에서 익힌 단어들은 실제 대화에서도 자연스럽게 활용할 수 있게 됩니다.

대화를 통해 깊어지는
논리적 사고력

밥상에서 나누는 대화는 아이의 사고력을 자연스럽게 키워줍니다. 에피소드에서 아이는 "마트는 필요한 걸 바로 사서 받을 수 있어서 편하지만 비싸고, 온라인은 싸지만 기다려야 해서 불편할 수 있겠어요."라고 말했습니다. 이는 원인과 결과를 연결하여 논리적으로 생각한 좋은 예입니다.

부모의 설명을 듣고 자신만의 결론을 이끌어내는 과정에서 아이는 정보를 분석하고 종합하는 능력을 키웁니다. 특히 부모가 "왜 그렇게 생각해?"라는 질문을 던질 때, 아이는 자신의 생각을 더 깊이 들여다보고 정교한 문장으로 표현하려고 노력하게 됩니다.

말하기는 단순히 단어를 나열하는 것이 아니라, 생각을 체계적으로 정리하는 과정이기에 이러한 대화 경험은 아이가 논리적으로 말하는 능력을 기르는 데 큰 도움이 됩니다.

식탁에서 나누는 대화는 특별한 학습 교재나 프로그램 없이도 아이의 언어능력과 사고력을 키워줄 수 있는 가장 자연스러운 방법입니다.

아이의 말을 중간에 끊지 않고 끝까지 들어주고, 질문에 진심으로 답해주는 일상의 작은 노력들이 모여 아이의 말을 자라게 합니다. 바쁜 일상에서도 함께 식사하는 시간만큼은 아이의 작은 목소리에 귀 기울여보세요.

마음도 말로 표현해야만
알 수 있다

"선생님, 안녕하세요. 저는 지후 엄마입니다."

수업이 끝나고 아이들이 돌아간 빈 교실을 정리하고 있는데, 열린 교실 문 사이로 한 어머님이 조심스럽게 인사를 건네셨습니다. 처음 뵙는 분이셨어요.

"지후는 잘 지내나요? 제가 남편과 이혼을 해서 그동안 아이를 만날 수가 없었어요. 아이와 연락할 길이 없고, 아이 아빠가 알면 난리가 날 것 같은데 아이는 너무 보고 싶어서 실례인 줄 알면서도 학교로 찾아왔습니다."

아이가 한번도 내색한 적도 없고, 아버지께도 따로 전해 들은 내용이 없어서 당황스러웠습니다. 주양육자는 아버지이신 것 같은데, 아이의 아버지나 아이의 의사를 물어보지 않고 아이의 연락처를 알려줄 수는 없었습니다.

"안타깝지만 아이의 의사를 물어보지도 않고 연락처를 알려드릴 수는 없을 것 같아요."

"그럼 선생님, 지후에게 엄마를 만나고 싶은지 한번 물어봐주실 수 있나요? 아이가 괜찮다고 하면 내일 학교에서 기다렸다가 잠시라도 보고 가고 싶어요."

지후는 말수는 적었지만 똑똑하고 야무져서 자기 할 일을 스스로 알아서 잘 해내던 아이였습니다. 같은 반 친구가 "그것도 못하니?"라며 놀리던 말에 몹시 속상해하며 운 적이 있었던, '뭐든지 잘 해내고 싶고, 부족해 보이고 싶지 않은' 욕구가 강한 아이였지요. 아이의 그런 성향을 알고 있는 저로서는 아이에게 어떻게 물어봐야 할지 고민이 되었습니다. 지후는 부모님이 이혼하신 걸 저에게 알리고 싶지 않아 하는 것 같았거든요.

어떻게 하면 다른 아이들에게 들키지 않고 지후에게 엄마가 보고 싶어 하신다는 말을 전해줄까 고민하던 끝에, "지후야, 혹시 지후도 엄마 만나고 싶다고 하면 엄마가 봤으면 좋겠대. 엄마 한번 만나보겠니?" 하고 적힌 종이를 슬쩍 아이에게 건네주었습니다. 제가 평소와 다름없이 행동하면 아이도 많이 놀라지 않을 것 같았지요.

지후는 쉬는 시간에 "아니요."라고 적힌 종이를 슬쩍 제 책상 위에 놓고 갔습니다. 그러고는 아무 일도 없었던 것처럼 다시 아이들 무리로 뛰어가더군요.

아이들이 모두 하교한 뒤, 지후 어머니가 다시 찾아왔습니다. 아이가 준 쪽지를 보여드렸더니 쪽지를 손에 꼭 쥐시고는 울먹이시더라고요.

"이해합니다. 그래도 혹시나 했어요. 혹시나 저를 만나주지 않을까 하고요."

자세한 사정은 모르지만 아이가 보고 싶지 않은 엄마가 어디 있을까 싶어 마음이 편치 않았습니다.

다음 날도 그다음 날도 지후는 저에게 아무 말이 없었습니다. 제가 어떻게 알았는지, 엄마는 왜 다녀갔는지, 엄마는 뭐라고 하셨는지 궁금할 법도 한데 아무것도 묻지 않더군요. 전과 다름없이 괜찮은 척하며 생활하는 아이가 안타까웠지만, 아이가 말하지 않는 건 이유가 있겠지 싶어서 저도 아무 말 하지 않았습니다. 그저 날씨를 묻기도 하고, 그날그날의 일상 이야기들을 나누며 아이의 마음이 조금씩 열리기를 기다렸습니다.

그러던 어느 날, 지후 아버지와 통화를 했습니다.

"그런 일이 있었군요…. 어른들 잘못이죠. 아이가 아무 내색도 하지 않아서 전혀 모르고 있었어요. 그저 별일 없이 학교에서 잘 지내고 있는 줄 알았습니다. 제가 직장 다니느라 바빠서 지후에게 신경을 못 쓰게 되네요. 선생님, 제가 좀 더 신경 쓰겠습니다. 아이에게도 사랑한다고 자주 표현해 주어야겠어요."

아이들에게는 자신의 마음을 표현하는 것이 어른들보다 더 어려울지도 모릅니다. 괜찮은 척, 완벽한 척, 아무렇지 않은 척, '척'하는 가면을 쓰고 자신의 감정을 표현해 본 적이 별로 없는 친구들에게는 더더욱 어려웠을 거예요. 아마 아이의 속상한 감정들은 표현하지 않아도 마음속에 차곡차곡 쌓여갔을 겁니다.

지난번과 마찬가지로 저는 아이에게 슬쩍 쪽지를 건넸습니다. 게시판 정리하는 걸 도와달라며 저를 도와줄 일이 있는 것처럼 수업이 끝나고 남기로 했지요.

"엄마가 지난번에 다시 찾아오셨어. 지후에게 미안하다고 하시더라. 미안한데 딸이 너무 보고 싶어서 찾아왔다고 하셨어. 그런데 지후가 엄마를 만나고 싶어 하지 않는 마음도 이해한다고 하셨어."

지후는 제 말을 듣고 가만히 생각에 잠기는 듯했습니다. 그러다이내 말없이 엉엉 울기 시작했습니다. 참았던 눈물을 다 쏟을 때까지 기다려주었습니다. 아이가 상처받고 속상했던 마음들이 다 전해져오는 것 같았습니다.

한참을 울고 나서 지후는 조심스럽게 입을 떼었어요.

"엄마가 저 보고 싶어 한다고 말하면 안 될 것 같았어요. 아빠랑 할머니가 속상하실 것 같아서요. 아빠가 힘들게 일하고 있는데 걱정 끼치고 싶지 않았어요. 엄마가 보고 싶은데 미워요. 미워서 아직은 보고 싶지 않아요. 그런데 또 조금 보고 싶기도 해요."

"아빠도 미안해하시더라. 어른들 잘못으로 지후가 마음이 많이 다친 거 같다고. 바빠서 신경을 못 쓴 것 같다고 미안해하셨어. 지후야, 솔직하게 말해도 괜찮아. 선생님도 옛날에 그랬거든. 선생님도 내가 무슨 말을 하면, 다른 사람들이 나를 어떻게 생각할까 걱정되고, 괜히 말했다가 부모님 걱정하시면 어쩌지 싶어서 계속 말을 안 했는데…. 말을 안 하고 계속 쌓아놓다 보니까 너무 속상해지는 거야. 선생님이 어른이 되고 나서 선생님 엄마한테 솔직하게 말씀드렸어. 그랬더니 왜 말하지 않았느냐고, 말을 안 해서 몰랐다며 혼자 많이 속상했겠다며 말씀해 주셨어. 선생님 엄마도 속상해하시더라. 가족끼리는 마음을 솔직하게 털어놓아도 돼. 선생님한테도 말해도 돼. 지후야."

그날 이후, 지후의 눈빛이 조금 달라졌습니다. 발표할 때 한층 밝아졌고, 제가 "이거 도와줄 사람?"이라고 묻기가 무섭게 누구보다 먼저 "저요." 하고 손을 들어 저의 든든한 지원군이 되어주었습니다. 아빠랑 저녁에 피자를 먹었는데 쉬는 날 놀이공원에 가자고 하셨다며 신이 나서 재잘재잘 저에게 자랑하기도 했습니다. 집에서도 요즘 아버지께서 지후에게 많이 신경을 쓰시는구나 싶어서 내심 안심이 되었습니다.

마음을 말로 표현하는 것은 어른들에게도 쉽지 않은 일입니다. 하물며 자신의 감정에 이름을 붙이는 법도, 감정을 적절하게 표현하는 법도 어색하기만 한 아이들에게는 더 어렵습니다. 특히 지후처럼 주변 사람들을 신경 쓰며, 자신의 부족함을 드러내지 않으려 하는 아이들은 자신의 솔직한 마음을 꼭꼭 숨겨두기 쉽습니다.

아이가 마음을 말로 표현하지 않는다고 해서 아이의 마음이 없어지는 것은 아닙니다. 오히려 아이의 작은 마음속에 차곡차곡 쌓여 어느 순간 예상치 못한 방식으로 폭발하기도 합니다. 아이의 침묵은 '괜찮음'의 표현이 아니라, 오히려 너무 많은 감정이 뒤엉켜 표현할 방법을 모르기 때문일지도 모릅니다. 아이의 침묵이 엄마 아빠의 침묵으로 인한 것이 되어서는 안 됩니다.

우리 어른들이 해야 할 일은 아이에게 먼저 말해주는 겁니다. 어떤 말이든 해도 괜찮다고 말해주세요. 그리고 아이에게 사랑한다고 자신의 마음을 표현해 주세요. 표현하지 않으면 아이는 알 수가 없습니다. 아이는 말해주지 않는 엄마, 아빠의 마음을 자기 마음대로 짐작하며 지후와 같이 오해의 마음을 쌓아갈지도 모릅니다.

때로는 어색하고 서툴더라도, 아이는 마음을 먼저 열고 말해주는 엄마 아빠를 보며 자신도 솔직하게 마음을 표현하기 시작할 것입니다. 아이의 말을 들으며 아이의 마음을 그대로 안아주세요. 마음을 표현하는 방법이 때론 서툴고 어색해 보여도 아이의 서투른 표현 그대로를 가만히 들어주세요. 아이는 자신을 사랑하고 신뢰하는 존재 앞에서 마음을 열고 표현하기 시작합니다.

문해력 발달의
중요한 토대가 되는 감정 표현

아이가 자신의 감정에 이름을 붙이고 말로 표현하는 과정에서도 문해력이 자연스럽게 발달합니다. 에피소드 속 지후는 처음에는 "아니요."라는 간단한 대답으로 복잡한 감정을 숨겼습니다. 하지만 시간이 지나면서 "엄마가 보고 싶은데 미워요. 미워서 아직은 보고 싶지 않아요. 그런데 또 조금 보고 싶기도 해요."라며 자신의 복잡한 마음을 구체적인 말로 표현할 수 있게 되었습니다.

이처럼 감정을 구체적인 언어로 표현하는 능력은 아이가 자신의 마음을 이해하고, 타인과 소통하는 기초가 됩니다. 감정을 구체적으로 표현할 줄 아는 아이는 책을 읽을 때도 등장인물의 마음을 더 잘 이해하고, 자신의 생각을 더욱 섬세하게 전달할 수 있습니다. 아이들이 마음속 감정을 말로 표현하는 법을 배워갈수록 세상을 더 깊이 이해하고 타인과 더 의미 있게 소통할 수 있게 됩니다.

침묵 속에 담긴
아이의 마음

아이의 침묵에는 많은 이야기가 숨어 있습니다. 지후의 침묵 속에는 여러 감정이 얽혀 있었습니다. 엄마를 미워하면서도 보고 싶은 마음, 아빠와 할머니에게 걱정을 끼치고 싶지 않은 마음, 남들에게 부족해 보이고 싶지 않은 마음이 한데 뒤엉켜 있었지요.

아이들은 자신들의 이야기가 어떻게 받아들여질지 두려워 '말하기'보다 '침묵하기'를 선택합니다. 특히 지후처럼 뭐든지 잘 해내고 싶고, 부족해 보이고 싶지 않은 아이일수록 자신의 약점이나 불안을 드러내는 것을 꺼립니다. 하지만 아이가 자신의 마음을 말로 표현하지 않는다고 해서 그 감정이 사라지는 것은 아닙니다. 표현되지 못한 감정들은 차곡차곡 쌓여 어느 순간 예상치 못한 방식으로 나타날 수 있습니다.

제가 쪽지로 먼저 다가가고, 저의 어린 시절 경험을 나누며 공감을 표현했을 때 지후의 말문이 열렸습니다. 가정에서도 침묵 속에 담긴 아이의 비언어적 신호를 알아 차려 주는 세심한 관심이 필요합니다. 눈빛, 표정, 행동의 작은 변화에 주의를 기울이고, 아이가 말할 준비가 되었을 때까지 기다려주는 자세가 중요합니다.

아이의 말문을 여는 법

아이들은 주변 어른들의 행동을 관찰하고 배웁니다. 에피소드 속에서 엄마의 부재에 대해서 충분한 대화를 나눌 수 없었고, 바쁜 아빠와 소통할 기회가 적었던 지후는 자신의 진짜 마음을 숨겼습니다. 그러나 "선생님도 옛날에 그랬거든."이라며 제 어린 시절 경험을 솔직하게 지후와 나누고, 지후의 아버지도 "사랑한다.", "직장에서도 보고 싶었다."라고 매일 말하며 자신의 마음을 표현하기 시작하자 지후도 자신의 생각과 마음을 드러내기 시작했습니다.

어른이 침묵하면 아이도 침묵합니다. 아이는 말해주지 않는 부모의 마음을 자기 나름대로 짐작하며 "엄마 아빠는 내 말을 들어주지 않을 거야.", "나에게 관심이 없을 거야."라고 오해하고 말문을 닫아 버리기 쉽습니다. 특히 아이들은 부모의 바쁨이나 피곤함을 '나에 대한 무관심'으로 잘못 해석할 수 있어서 더욱 주의가 필요합니다. 그러나 어른들이 먼저 자신의 감정을 진솔하게 표현할 때, 아이들은 말로 마음을 나누는 것이 자연스럽고 가치 있는 일임을 배웁니다.

지후처럼 자신의 마음을 표현하지 못했던 아이도 어른의 솔직한 표현을 보며 조금씩 자신의 이야기를 꺼내놓기 시작합니다. 아이에게 먼저 마음을 표현해 주세요. "사랑한다.", "보고 싶었다.", "미안하다."와 같은 마음을 부모가 먼저 표현할 때, 아이들은 안전함을 느끼며 자신도 용기를 내어 마음을 표현할 수 있습니다. 하루에 딱 한마디라도 아이에게 진심을 전하는 순간들이 모여 아이의 표현력과 정서적 안정감을 자라나게 합니다.

마음을 표현하는 아이는
더 자신감 있게 성장한다

자신의 마음을 표현하게 되면서 지후는 눈에 띄게 변화했습니다. 예전에는 수업 시간에 열심히 듣기는 했지만, 발표는 거의 하지 않던 수동적인 아이였습니다. 하지만 자신의 마음을 솔직히 표현하고 난 뒤부터 지후는 조금 더 밝은 모습으로 발표하기 시작했고, 누구보다 먼저 "저요!" 하고 손을 들어 적극적으로 참여하기 시작했습니다. 아버지와의 관계도 더 가까워져 지후의 아버지는 지후가 말수가 늘었다며 놀라워했습니다.

감정을 솔직히 표현하는 능력은 아이의 일상 전반에 긍정적인 영향을 끼칩니다. 학교에서 발표할 때 덜 긴장하게 되고, 어려운 상황에 부딪혔을 때도 주저 없이 도움을 청할 수 있게 됩니다. 친구들과의 관계에서도 불편한 상황에서 감정을 참거나 숨기지 않고, 자신의 마음을 솔직하게 표현하며 친구들과 더 건강한 관계를 만들어 갑니다.

서로의 감정을 솔직하게 표현하면 가족 간의 오해가 줄어들고 신뢰가 깊어집니다. "오늘 학교에서 이런 일이 있었어요.", "오늘 엄마, 아빠는 이런 일이 있었어."라고 서로의 일상을 나누는 작은 대화들이 모여 아이의 마음을 든든하게 지지해 주고, 세상을 향해 자신 있게 나아갈 수 있는 힘이 되어줍니다.

'말하지 않아도 알아줬으면 좋겠다.'라는 바람은 누구나 가지고 있습니다. 하지만 결국 마음은 말로 표현할 줄 알아야 합니다. 말로 표현할 때 서로를 더 잘 이해할 수 있게 되고, 그 이해를 바탕으로 관계는 더 단단해집니다.

말하기 능력은 단순히 말을 잘하는 기술이 아닙니다. 자신의 내면에 귀 기울이고, 자신의 마음을 솔직하게 표현하며 타인과 따뜻하게 소통할 수 있게 하는 힘입니다. 아이들은 안전한 환경에서 자신의 감정을 솔직하게 표현합니다. 어른이 먼저 솔직한 마음을 나누고, 아이의 표현을 기다려줄 때 아이들은 조금씩 자신의 목소리를 찾아갑니다.

말은 아이가 바라보는
세상을 비추는 거울

아이의 말을 주의 깊게 들어보면 아이가 세상을 어떻게 바라보고 해석하는지를 엿볼 수 있습니다. 아이가 어떻게 생각하고, 무엇을 알고 있으며, 어떤 방식으로 추론하는지 고스란히 담겨 있지요.

가을이 되면 "왜 나뭇잎이 노랗게 변하는 걸까요?"라고 묻는 아이를 보세요. 아이의 이 질문 속에는 자연의 변화를 세심하게 관찰하는 아이의 눈과 호기심이 담겨 있습니다. "우리 할머니는 하늘나라에 갔어요."라는 말 속에서는 아이가 이별과 상실을 자신만의 방식으로 이해하려는 모습을 발견할 수 있습니다.

"어떻게 기계가 사람 말을 알아들을 수 있어요?", "바다는 왜 파란색으로 보이는 거예요?"와 같은 아이의 질문에도 귀 기울여보세요. 이런 질문들을 통해 아이가 어떤 분야에 관심을 갖고 있는지, 무엇을 궁금해하는지 알 수 있습니다. 아이가 주로 쓰는 단어와 문장 구조를 보면, 그 아이만의 생각하는 방식과 표현하는 습관도 발견할 수 있습니다. 이처럼 말은 아이의 내면을 들여다보는 소중한 창이 됩니다.

말 속에 담긴
아이만의 사고방식

아이들은 저마다 자기만의 방식으로 세상의 사물과 개념을 나누고, 정리하고, 관찰한 것들 사이의 관계를 파악해 나갑니다. 이런 아이들의 인지적 과정이 말 속에 그대로 드러나는 경우가 많습니다.

"공룡은 도마뱀이랑 비슷해요. 그런데 훨씬 커요."라는 아이의 말을 살펴보겠습니다. 이 한 문장에서도 아이가 생김새와 크기를 기준으로 생물을 분류하고 있다는 것을 알 수 있습니다. "겨울에는 지구가 태양에서 더 멀어져서 추워요."라는 말에서는 아이가 계절 변화의 원인을 어떤 식으로 추론하는지, 계절에 대해 어떻게 이해하고 있는지도 함께 드러나게 됩니다.

어떤 아이는 동물을 크기에 따라 구분하고, 다른 아이는 사는 곳에 따라 나누기도 합니다. 또 어떤 아이는 사물을 색깔이나 생김새로 구분하며 세상을 이해하지요. 아이들은 주변 현상의 이유를 자기 나름대로 설명하려고 합니다.

아이는 말할 때마다 머릿속에서 자기만의 생각의 지도를 그려나 갑니다. 새로운 정보를 이미 알고 있는 것과 연결하고, 경험을 바탕으로 의미를 만들어가며, 눈으로 보이지 않거나 어려운 추상적인 개념을 눈에 보이는 구체적인 형태로 바꾸는 과정이 말 속에 담겨 있습니다. "빛은 파도처럼 움직여요."라는 표현에는 직접 관찰하기 어려운 빛의 특성을 일상에서 볼 수 있는 파도라는 구체적인 경험에 연결 지어 이해하려는 아이의 생각이 드러나지요.

아이들은 눈에 보이지 않는 개념도 실제 경험과 연결 지어 이해하려는 특징을 보입니다. "내일은 아직 멀리 있어요."라고 말하며 시간을 거리감으로 나타내거나, "소리가 빨리 달려가는 것 같아요." 라고 말하며 소리를 움직임으로 표현하는 것처럼 말입니다.

아이들은 말하면서 생각을 정리하고, 더 분명하게 이해하며, 자신만의 지식을 쌓아갑니다. 이 과정은 마치 퍼즐 조각을 맞추는 것과 같습니다. 학교에서 배운 것, 책에서 읽은 것, 어른들에게 들은 것, 그리고 직접 경험한 것들을 자신만의 방식으로 연결하며 재구성해 나갑니다.

"아기 고양이는 아직 울음소리가 작아요. 우리가 어릴 때 목소리가 작았던 것처럼요."와 같은 말 속에는 동물의 성장과 인간의 성장 사이의 비슷한 점을 찾아 연결하려는 아이의 사고 과정이 반영되어 있습니다.

말하는 과정 자체가 아이에게는 생각을 연습하는 장이 됩니다. "엄마, 저기 하늘에 먹구름이 많아서 곧 비가 올 것 같아요. 근데 바람이 너무 세게 불어서 구름이 금방 지나갈 것 같아요."와 같은 아이의 말에서 볼 수 있듯이 아이는 관찰과 추론을 통해 자신의 생각을 실시간으로 수정하기도 합니다.

아이의 관심사와
성향도 알 수 있다

일상 대화 속에서도 아이가 어떤 정보를 중요하게 여기고, 어떤 세부 사항을 기억하는지 엿볼 수 있습니다. 학교에서 돌아온 아이가 "오늘 선생님이 내 그림을 칭찬해 주셨어요."와 같이 말한다면 인정받고 싶은 마음이, 친구와의 갈등 상황에 대해 반복해서 이야기한다면 대인 관계에 관심이 많다는 것을 알 수 있습니다. 동화책을 읽은 후 주인공의 감정 변화를 중심으로 이야기하는 아이는 타인의 감정에 민감하게 반응하는 성향을 보여줍니다.

아이들이 자주 사용하는 말에도 주목해 보세요. "신기해요.", "멋져요.", "왜 그럴까요?"를 자주 말하는 아이는 호기심이 많고 탐구하는 것을 좋아하는 성향일 가능성이 높습니다. '친구가', '우리 반에서는'과 같은 표현을 자주 쓴다면 또래 관계에 민감하고 관계 지향적인 아이일 수 있고요. "더 잘하고 싶어요", "이렇게 하면 될까요?"

라는 말을 자주 한다면 성취에 대한 욕구가 강하거나 완벽주의적 성향을 보일 수 있습니다.

오개념은 아이의 사고 과정을 보여주는 소중한 자료

이처럼 아이의 말 속에는 다양한 사고 과정이 담겨 있습니다. 그런데 때로는 아이의 말에서 잘못된 이해나 오개념(誤槪念)을 발견하게 됩니다. 하지만 이런 오개념들도 아이가 어떻게 사고하는지를 보여주는 소중한 창이지요.

아이의 말에서 오개념을 발견했을 때도 먼저 아이의 마음을 들여봐주세요. 단순히 맞고 틀림을 판단하기보다 아이가 왜 그렇게 생각하게 되었는지 이해하려 노력해 보세요.

아이가 "전기는 물처럼 흘러요."라고 말할 때에는 "그건 정확하지 않아."라며 바로 수정해 주기보다 "물과 전기가 어떤 점이 비슷하다고 생각해?"라고 물어보는 것이 더 의미 있습니다. 이런 질문은 아이 스스로 자신의 생각을 확장해 나가도록 돕습니다.

"겨울에는 지구가 태양에서 더 멀어져서 추워요."라는 오개념을 예로 들자면, "그럼 북반구와 남반구가 동시에 겨울일까?"와 같은 질문을 통해 아이가 스스로 자신의 이론을 검토하고 수정할 수 있게 도울 수 있습니다. 이런 과정을 통해 아이는 더 깊이 이해하고 사고하게 됩니다.

오개념은 아이가 적극적으로 의미를 구성하려는 노력의 결과입니다. 완전히 틀린 것이 아니라 부분적으로 이해하고 있거나, 자신의 기존 지식을 바탕으로 나름의 가설을 세워 논리적으로 추론한 결과인 경우가 많습니다. 이런 오개념을 발견하며 부모는 판단하지 않고 아이의 말에 진심으로 귀 기울여야 합니다. 열린 질문으로 대화를 이어간다면 아이는 자신의 생각을 스스로 발전시키고 더 깊이 이해할 수 있습니다.

"왜 비가 내리는 걸까?"라는 질문에 "구름이 무거워져서요."라고 답하는 아이의 말에서 구름과 비의 관계를 나름대로 추론하고 있음을 알 수 있습니다. "물건이 떨어지는 건 지구가 당기는 힘이 있어서 그래요."라는 설명에서는 중력이라는 개념을 자신만의 언어로 표현해 보려는 시도를 엿볼 수 있습니다.

생각이
말이 되기까지

하지만 아이의 이런 소중한 생각들이 항상 밖으로 나오는 것은 아닙니다. 아이의 말 속에서 아무리 많은 것들을 발견할 수 있다고 해도, 정작 아이가 말을 꺼내지 않으면 부모 입장에서는 관찰할 기회조차 얻기 어렵지요. 아이 안에는 이미 풍부한 생각과 관찰, 궁금증이 가득합니다. 다만 그것들이 자기 안의 어디에 숨어 있는지, 어떻게 말로 꺼내야 할지 모를 뿐입니다.

지금까지 살펴본 것처럼, 아이의 말 속에는 그 아이만의 생각하는 방식, 관심사와 성향, 그리고 세상을 이해하는 독특한 관점들이 모두 담겨 있습니다. 오개념조차도 아이가 적극적으로 의미를 만들어가려는 소중한 노력의 흔적이지요.

아이가 어떻게 세상을 이해하고 있는지 알아보려면, 먼저 아이 안에 있는 그 생각들이 자연스럽게 말로 나올 수 있도록 부모가 도와주어야 합니다. 아이의 말 속에 담긴 이해의 세계를 발견하는 첫걸음은 바로 여기서부터 시작됩니다.

아이의 생각을
밖으로 꺼내는 법

아이에게 "오늘 학교에서 뭐 했어?"라고 물으면 "그냥요.", "별일 없었어요."라는 답이 돌아올 때가 많습니다. 많은 부모들이 경험하는 상황이지요. 그럴 때마다 '분명히 학교에서 기억에 남는 일들이 많았을 텐데 우리 아이는 왜 이렇게 말이 없을까?' 하고 답답해하셨던 적 있으실 거예요. 하지만 아이들도 저마다 생각이 있고, 자기만의 눈으로 세상을 보고 있습니다. 다만 그런 생각들을 말로 표현하는 게 아직 익숙하지 않을 뿐이죠. 그 생각들은 이미 아이 안에 다들어 있습니다. 부모가 할 일은 아이 안에 있는 생각들이 말로 나올 수 있는 환경을 만들어주는 것입니다.

관찰이 먼저,
질문은 그다음

아이에게 "넌 뭘 좋아해?", "요즘 어떤 게 제일 재밌어?"라고 물었을 때, "몰라요.", "생각이 안 나는데요.", "별거 없어요."라는 아이의 대답을 듣고 당황하신 적은 없나요? 이런 반응은 아이가 생각이 없어서가 아니라, 아직 자신의 내부를 들여다보고 그것을 언어로 정리하는 데 익숙하지 않기 때문입니다. 아이가 자기 안에 있는 생각이나 관심사를 꺼내려면 먼저 스스로 무엇을 좋아하는지, 무엇에 관심이 있는지 깨달아야 합니다. 그리고 이런 깨달음은 부모의 말과 반응을 통해서도 자연스럽게 생겨나지요.

"방금 그 얘기, 너 정말 진지하게 말하더라.", "계속 그 얘기를 하는 걸 보니 요즘 관심사가 그건가 보네."와 같은 부모의 말들은 아이가 '아, 내가 이런 걸 좋아하는구나.' 하고 스스로를 돌아보게 해 줍니다.

예를 들어, 아이가 "오늘 급식 시간에 내가 좋아하는 짜장면이 나왔는데 면이 정말 탱글탱글했어요."라고 말했다고 해볼게요. 아이의 말에 부모가 "그랬구나."라고 넘기는 것과 "우와. 면이 정말 탱글탱글했나 보네. 오늘 짜장면 정말 맛있었겠네?", "지난번 우리가 음식점에서 먹었던 짜장면보다 더 맛있었어?"라고 반응하는 것 사이에는 큰 차이가 있습니다.

부모의 적극적인 반응을 받은 아이는 자신의 감각에 더 관심을 갖게 됩니다. 그리고 앞으로도 자신이 느끼고 경험한 것들을 더 말로 표현하며 나누고 싶어 하게 되지요.

아이가 자기 자신에 대해 이해하는 것은 매우 중요합니다. 내가 무엇을 좋아하고, 무엇을 하고 싶은지, 요즘 무엇에 관심이 있는지를 알아야 이를 바탕으로 세상을 이해하고 점점 확장해 갈 수 있기 때문입니다.

아이의 생각을 알고 싶을 때, 우리는 자연스럽게 질문을 떠올립니다. 하지만 무작정 질문을 던지기 보다는 먼저 아이를 충분히 관찰하는 것이 중요합니다. 모든 질문이 아이의 마음을 여는 것은 아니기 때문이지요.

예를 들어 아이가 어떤 생각을 말했을 때, "왜 그렇게 생각했어?"라고 곧바로 물으면 아이는 당황할 수 있습니다. 자신의 생각을 아직 명확하게 정리하지 못했는데 갑자기 이유를 설명해야 하는 상황이 되었기 때문이지요. 이런 질문은 소통을 돕기보다는 오히려 아이를 위축시킬 수 있습니다.

그래서 아이에게 질문하기 전에는 먼저 세심한 관찰이 이루어져야 합니다. 부모가 미리 정해둔 답이나 기준으로 아이에게 접근하는 것이 아니라 먼저 아이를 충분히 들여다보는 것이지요. 아이가 어떤 상황에서 어떤 반응을 보이는지, 무엇에 관심을 갖는지, 어떤 표정을 짓는지를 세심하게 살펴보세요. 이런 관찰을 바탕으로 아이의 눈높이에 맞는 질문을 찾을 수 있습니다.

시간의 양이 아닌
집중의 밀도가 중요하다

"매일 직장에서 일하고 집에 돌아오면 저녁 시간이 훌쩍 지나가 있어요. 아이와 보낼 수 있는 시간이 거의 없는데, 아이를 제대로 관찰하려면 많은 시간 아이와 함께해야 하는 거 아닌가요?" 많은 부모들이 이런 고민을 합니다. 하지만 아이에게 집중하는 시간이 길어야 하는 것은 아닙니다. 중요한 것은 물리적 시간의 '양'이 아닌 시간의 '밀도'입니다.

아이와 시간을 보내지 못했다는 죄책감 때문에 아이에게 선물을 사주거나 특별한 무언가를 해주려 하지요. 하지만 이런 방식으로는 진정한 소통이 일어나지 않습니다. 그보다는 짧은 시간이라도 아이에게만 온전히 집중하는 시간을 만드는 것이 훨씬 의미가 있습니다. 저녁 식사 시간 20분 동안 아이의 말과 표정, 몸짓에 주의를 기울이는 것. 잠들기 전 10분 동안 오늘 있었던 일을 나누며 아이와 자연스럽게 몸을 부대끼고 가끔 장난도 치면서 아이의 반응을 살피는 것. 주말 산책을 하며 아이의 관심사를 함께 이야기하고 아이가 어떤 것에 눈을 반짝이는지 관찰하는 것. 이런 작은 순간들이면 충분합니다.

　중요한 것은 그 시간만큼은 다른 일은 잠시 미뤄두고 오직 아이에게만 집중하는 것입니다. 손에는 핸드폰을 쥐고 눈은 화면을 바라보면서 같은 공간에 있다는 것에 만족하지 말고, 그 순간만큼은 아이에게 온전히 주의를 기울여야 합니다. 아이와 어떻게 놀아줘야 할지, 어떻게 말을 주고받아야 할지 막막하다면 아이가 이끄는 대로 따라주세요. 〈지마음의 연구소〉의 지나영 소장은 저서 《세상에서 가장 쉬운 본질 육아》를 통해 부모-자녀 상호 작용 치료의 한 방법으로 P.R.I.D.E 방법을 제안했습니다.

- **Praise**(칭찬하기): 아이가 하는 것을 칭찬해 주기
- **Reflect**(반사하기): 아이가 하는 말을 유사하게 반사해서 말해주기
- **Imitate**(따라 하기): 아이의 행동을 따라 해주기
- **Describe**(묘사하기): 아이가 하는 것을 그대로 묘사해서 말해주기
- **Enthusiasm**(열정을 가지고 하기): 열정적으로 신나게 P.R.I.D 해주기

　예를 들어 아이가 그림을 그리고 싶다고 하면, 아이와 함께 그려보거나 아이의 그림을 보며 "그림을 그리고 있네?"라고 관심을 표현합니다. 아이가 "여기 새를 그린 거야."라고 하면 "아, 거기 새를 그린 거야?"라고 말하며 공감하면서 들어주는 것입니다. 아이가 종이접기를 하고 싶다고 하면 아이와 같이 종이접기를 해주세요. 아

이가 하는 행동을 평가하지 말고 묘사해 주세요. 아이의 말을 그대로 되돌려 말해주고, 아이가 함께하고 싶어 하는 놀이를 아이가 이끄는 대로 그저 '친구'가 되어 따라 해주는 겁니다. 공감과 경청을 하며 아이에게 집중해 주세요.

이런 집중의 시간들이 쌓이면서 부모는 아이만의 특별한 관심사와 표현 방식을 자연스럽게 발견하게 됩니다.

구체적인
관찰 포인트 잡기

아이를 관찰하는 것이 중요하다고 해도 막상 무엇을 어떻게 봐야 할지 막막할 수 있습니다. 아이를 관찰할 때는 특히 말과 표현에서 나타나는 단서들에 주목해 보세요. 다음은 구체적인 관찰 포인트입니다.

1. 아이가 자주 사용하는 말에 귀 기울이기

아이들이 일상에서 반복적으로 사용하는 단어나 표현은 아이들의 내면을 보여주는 중요한 단서입니다. "신기해요.", "멋져요.", "왜 그럴까요?"를 자주 말하는 아이는 호기심이 많고 탐구하는 것을 좋아하는 성향일 가능성이 높습니다. '친구가', '우리 반에서는'이라는 표현을 자주 쓴다면 또래 관계에 민감하고 관계 지향적인 아이일 수 있습니다.

2. 말수가 많아지는 이야깃거리에 집중하기

같은 아이라도 주제나 상황에 따라 말하는 방식이 달라집니다. 과학 실험 이야기만 나오면 눈이 반짝이며 열심히 설명하다가 친구 관계 이야기만 나오면 조심스러워하는 아이가 있습니다. 반대로 친구 이야기는 신나게 하면서도 수학 문제 이야기만 나오면 급히 화제를 돌리려는 아이도 있지요. 이런 패턴들은 그 아이만의 관심사와 자신감의 영역을 명확하게 보여줍니다.

3. 목소리 톤과 몸짓의 변화 관찰하기

아이들은 좋아하는 것에 대해 이야기할 때 목소리가 높아지고 몸짓이 커집니다. 반면 어려워하거나 부담스러워하는 주제에 대해서는 목소리가 작아지거나 몸을 움츠리기도 합니다. 이런 비언어적 신호들도 아이의 마음을 읽는 중요한 열쇠가 됩니다.

4. 몰입하는 순간 찾기

책을 읽을 때 완전히 집중해서 주변 소리도 못 듣는 아이, 레고 조립에 집중하다가 시간 가는 줄 모르는 아이, 친구들과 이야기할 때 가장 활기찬 모습을 보이는 아이…. 이런 몰입의 순간들이 바로 아이가 무엇을 좋아하는지 알 수 있는 중요한 단서들입니다. 아이가 어떤 활동에 얼마나 오랫동안 집중하는지도 중요한 정보가 됩니다. 어떤 아이는 곤충 관찰에 시간 가는 줄도 모르고 집중하기도 하고, 30분 이상을 그림 그리기에 몰두하는 아이도 있습니다. 아이가 어떤 활동을 할 때 가장 재미있어 하고 몰입하는지 살펴보세요.

5. 아이가 자주 하는 질문의 패턴 살피기

"왜 그렇게 되는 거예요?"를 자주 묻는 아이는 원리나 인과관계에 관심이 많습니다. "어떻게 하면 더 잘할 수 있을까요?"를 많이 묻는 아이는 개선과 발전에 대한 욕구가 강하고, "다른 사람들은 어떻게 생각할까요?"를 자주 묻는 아이는 타인의 관점에 민감할 수 있습니다.

6. 질문하는 타이밍과 상황 살피기

새로운 환경에서 먼저 질문을 던지는 아이가 있는가 하면, 충분히 관찰한 후에야 조심스럽게 질문하는 아이도 있습니다. 어려운 문제를 만났을 때 바로 "어떻게 해요?"라고 묻는 아이가 있고, 혼자 끙끙대다가 결국 포기하는 아이도 있습니다. 친구들 앞에서는 조용하지만 집에서는 질문을 쏟아내는 아이도 있지요.

이런 질문 패턴들을 파악해 두면 아이 안에 있는 생각들을 말로 끌어낼 수 있는 단서를 찾을 수 있습니다. 집에서 질문이 많은 아이라면 아이가 무언가 궁금해하는 표정을 보일 때 "뭔가 궁금한 게 있는 것 같은데?"라고 자연스럽게 물어보세요. "오늘 어떤 일이 있었는지 궁금하네."라며 대화의 문을 열어주면 아이 스스로 생각을 꺼내놓기 시작합니다.

관찰을 바탕으로 한
마중물 질문

아이에게서 관찰로 얻어낸 말의 패턴을 꾸준히 쌓아가다 보면, 어느새 부모는 아이의 숨은 생각을 길어 올릴 수 있는 '마중물 질문'을 할 수 있게 됩니다.

예를 들어 평소 전투기에 관심을 보이는 아이에게는 "요즘 전투기 이야기를 자주 하네. 전투기들 중에서 특별히 관심이 가는 부분이 있었어?"라고 물을 수 있습니다. 또는 "방금 F-15 이야기할 때 목소리가 엄청 커졌어. 다른 전투기보다 F-15가 더 관심이 가는 이유가 있어?"와 같이 구체적인 반응을 언급하며 질문할 수도 있습니다.

효과적인 마중물 질문의 요소들은 아래와 같습니다.

- 아이의 구체적인 행동이나 반응 언급하기
- '그것들 중에서', '거기에서'와 같은 모호한 표현 대신 구체적인 단어 사용하기
- 정답을 요구하기보다는 아이의 생각을 더 들어보고 싶다는 호기심과 관심 표현하기

이런 질문은 아이에게 정답을 요구하는 것이 아닙니다. 오히려 아이가 자신의 관심사와 생각을 깊이 탐색할 수 있도록 돕는 안내 역할을 합니다. "틀렸어.", "그건 별로야.", "좋았어."와 같은 평가가 담긴 말보다는 "더 들려줘.", "어떤 기분이었어?"와 같은 확장형 질문이 아이 안에 있는 생각들을 말로 끌어내줍니다. 결국 부모의 관찰이 바탕이 된 질문은 아이에게 자기 스스로를 들여다보고, 자기 안의 생각을 말로 표현해 볼 수 있는 연습을 할 수 있게 도와줍니다.

아이들과 소통할 때, 우리는 종종 어른의 언어로 접근합니다. 하지만 아이들에게는 보이지 않는 '심리적 울타리'가 있어서 복잡하고, 어려운 말은 아이들의 마음 깊은 곳까지 전달되지 않습니다.

아이가 받아들일 수 있는 말은 동그라미, 세모처럼 단순하고 명확해야 합니다. 너무 복잡한 다각형 모양의 말들은 아이의 심리적 울타리를 넘지 못하고 '팅' 하고 튕겨 나가버리지요.

이 울타리를 넘어 아이의 마음에 전달될 수 있는 언어를 사용하려면 놀이터에서 아이들의 대화를 유심히 관찰해 보세요. 아이들은 또래와 대화할 때 특유의 표현과 반응을 주고받습니다. 짧고 감정이 풍부한 표현들, 과장된 반응, 특정 문구의 반복 등이 그것입니다. 아이들끼리 대화할 때는 "진짜?", "대박!", "우와!"와 같은 감탄사를 자주 사용하고, 같은 말을 반복해서 말하지요. 그리고 서로의 말에 크게 반응하며, 몸짓을 섞어가며 이야기합니다.

부모가 이런 소통 방식을 이해하고 때로는 그런 방식으로 대화를 시도하면, 아이는 부모가 진정으로 자신의 세계에 관심을 갖고 있다고 느끼게 됩니다. 아이가 "오늘 체육 시간에 축구를 했는데 정말 재밌었어요."라고 말할 때, "그래, 축구가 재미있나 보네."라고 어른스럽게 반응하기보다, "와! 진짜? 어떻게 재밌었는데?"라고 아이의 톤에 맞춰 반응해 보세요. 아이의 눈빛부터 달라지기 시작할 겁니다.

이제 실제 상황에서 어떻게 적용할 수 있는지, 언어적 기법과 비언어적 기법을 구체적으로 살펴보겠습니다.

아이가 "오늘 학교에서 개미를 봤어요."라고 말할 때를 예로 들어볼게요. 일반적으로 "그래? 개미를 봤구나." 하고 어른의 언어로 반응하지만, "우와! 정말? 어떤 개미였어?"와 같이 아이의 언어로 반응해 주면 아이는 더 신이 나서 "작은 개미였는데 줄을 서서 걸어가고 있었어요. 정말 신기했어요"라고 더 많은 이야기를 들려줍니다. 이때 "정말? 그럼 개미들이 왜 줄을 서서 다닐까?"라고 호기심 어린 목소리로 다시 물어보면, 아이는 자신도 그것이 궁금했다는 듯이 더 신나게 자기 이야기를 계속 이어갑니다.

1. 감탄사 활용하기

"와!", "진짜?", "우와!"와 같은 감탄사로 즉각적인 감정 반응을 보여주세요. 감탄사 뒤에는 왜 그런 반응을 보였는지 구체적으로 설명해 주세요.

2. 반복과 강조로 표현하기

"진~짜 재밌었구나!"처럼 말을 늘여서 감정을 표현하거나 "너무 너무 좋았겠다."처럼 같은 단어를 반복해서 강조해 보세요.

3. 몸짓으로 함께 소통하기

아이처럼 말과 함께 손짓, 표정, 몸짓을 자연스럽게 섞어가며 반응해 보세요.

말과 함께 전달되는 비언어적 신호들도 매우 중요합니다. 아이가 말할 때 고개를 천천히 끄덕이고, 아이 눈높이에 맞춰 몸을 기울이세요. 아이의 말에 집중하고 있다는 것을 몸짓으로 보여주는 것입니다. 아이가 중요한 말을 했을 때 "와, 그런 생각을 했구나."라며 잠시 여운을 두고, 아이가 "진짜 신기했어요!"라고 말하면 "진짜 신기했구나!"라고 정말 신기해하며 아이와 같은 톤으로 맞받아주세요.

저학년은 감탄사와 과장된 반응이 특히 효과적입니다. 고학년은 자신의 생각이 누군가에게 진지하게 받아들여지는가를 민감하게 살피므로, 적절한 여유를 두고 생각하는 모습을 보여주는 것이 중요합니다.

이렇게 소통할 때 아이에게 "지금 내가 너의 말을 관심 있게 듣고 있어. 너의 말은 의미가 있어."라는 신호를 보낼 수 있습니다. 이런 부모의 적극적인 반응은 아이를 더 즐겁고 신나게 이야기하고 싶게 만들지요. 아이는 부모와의 대화를 통해 자신의 생각을 정리하고 발전시켜 나갈 수 있습니다.

생각이 자라나는 과정
관찰하기

아이의 생각은 내면에서 시작되어, 말로 표현되는 과정을 거칩니다. 하지만 이 과정은 자동으로 일어나지 않습니다. 부모의 역할이 바로 여기에 있습니다.

내면에서 자란 생각은 스스로 나올 준비가 되었을 때, 조금씩 말로 표현됩니다. 이 말은 처음에는 단편적이고 어디로 나와야 할지 몰라 방향을 잃은 채 흩어져 있을 수도 있습니다. 하지만 부모가 그 말의 '시작 지점'을 읽어내고 그 자리에서 함께 머물러주면, 아이는 점점 더 길게, 더 논리적으로, 더 자신 있게 말하게 됩니다. 이런 과정을 통해 아이의 생각은 자기 내부에서 시작되어 다른 사람과의 관계로, 세상의 구조로, 그리고 자기를 표현하는 언어로 연결됩니다.

아이 내면의 생각이 바깥으로 나올 수 있도록 돕는 것은 마치 정원사가 새싹을 돌보는 것과 같습니다. 억지로 잡아당기면 부러지지만 적절한 물과 햇빛, 그리고 인내심을 가지고 기다리면 자연스럽게 자라나게 됩니다. 아이의 생각도 마찬가지입니다. 부모의 따뜻한 관심과 적절한 질문, 그리고 충분한 기다림이 있을 때 비로소 아이만의 독특하고 소중한 생각들이 세상 밖으로 나와 꽃을 피울 수 있습니다.

그렇다면 부모는 어떤 존재여야 할까요? 부모는 아이의 말에 반응해 주는 사람이기 전에, 아이가 자기 안을 들여다볼 수 있도록 기다려주는 사람이어야 합니다. 아이의 생각은 이미 아이 안에 있습니다. 억지로 꺼내려 하지 말고 자연스럽게 나올 수 있는 환경을 만들어주세요.

말 한마디, 고개 끄덕임 하나, 그리고 아이가 하는 말을 다시 꺼내어 확인해 주는 태도, 이런 작은 것들이 모여 아이 안의 세계를 천천히 열어갑니다.

우리가 바라는 문해력은 결국 이런 것이 아닐까요? 아이 안에 있는 생각이 단단해지고, 그 생각을 밖으로 잘 표현할 수 있는 힘 말입니다. 부모의 역할은 이런 아이의 말 하나하나를 소중하게 기다리고 밖으로 꺼내놓을 수 있도록 도와주는 것입니다.

3장

눈

관찰력에서
시작되는 읽기

읽기는 단순히 글자를 눈으로 따라가는 행위가 아닙니다. 글 속에서 핵심 정보를 포착하고, 중요한 단서를 놓치지 않고 살피며, 앞뒤 내용을 연결해 전체 의미를 구성하는 사고 과정입니다. 마치 퍼즐 조각들을 맞춰 전체 그림을 완성하듯이 읽기도 글 속 정보들을 관찰하고 연결하는 일입니다. 그래서 읽기 능력은 세상을 잘 보고 관찰하는 능력에서 시작됩니다. 일상에서 세부 사항을 놓치지 않고, 사물 간의 관계를 파악하는 아이가 글에서도 숨어 있는 연결고리를 발견해 냅니다.

이 장에서는 아이의 읽기 문해력이 어떻게 자라는지 그 과정을 단계별로 살펴보겠습니다. 첫 번째와 두 번째 꼭지에서는 모든 읽기의 출발점인 '관찰력'에 관해서 다룹니다. 세 번째 꼭지부터는 문장 성분 살펴보기, 글 속에 숨겨진 단서 찾아보기, 글의 뼈대 살펴보기와 같이 글의 내용을 잘 이해할 수 있도록 도와주는 여러 읽기 전략들을 차례로 소개합니다.

부모는 아이가 책을 읽는 모습을 보며 안심하기 쉽습니다. 하지만 정작 중요한 것은 아이가 그 글에서 무엇을 보고, 어떻게 의미를 만들어가는지입니다. 단순히 글자를 해독하는 단계를 넘어 의미를 구성하고, 맥락을 파악하며, 글 너머의 의도까지 이해하는 것이 진정한 읽기입니다.

이런 깊이 있는 읽기는 하루아침에 생기지 않습니다. 세심한 관찰력이 바탕이 되어야 아이의 문해력이 단단하고 깊게 자랄 수 있습니다. 아이가 '의미를 읽는 눈'을 가질 수 있도록 지금부터 함께 그 과정을 발견해 보겠습니다.

읽기는 단어를 읽는 것이 아니라 의미를 만나고 생각을 확장해 나가는 과정입니다. 글을 통해 다른 사람의 생각을 살펴보고, 낯선 세계를 상상하며, 자신만의 느낌을 만들어갑니다. 읽기는 단순히 정보를 수용하는 것이 아니라, 생각을 연결하고 해석하며 스스로 의미를 구성해 보는 종합적인 활동입니다. 아래의 질문들을 통해 우리 아이의 읽기 문해력이 지금 어떤 모습으로 자라고 있는지 살펴보세요.

1. 책이나 글을 읽을 때, 그림이나 작은 단서들을 살펴보며 내용을 짐작해 보려 하나요?

2. 글을 읽고 어떤 일이 어떤 순서로 일어났는지 자연스럽게 정리해 보려 하나요?

3. 제목이나 표지를 보고 "이건 어떤 내용일까?" 하고 예측해 보며 읽나요?

4. 글을 읽으며 인물의 감정이나 의미를 생각해 보려 하나요?

5. 설명문이나 정보 글을 읽을 때 중심 내용이나 핵심 정보를 스스로 찾아 보려 하나요?

6. 글을 읽으며 문제와 해결책, 원인과 결과 등의 관계를 생각해 보려 하나요?

7. 자신의 경험과 비교하거나 연결 지어 생각해 보려 하나요?

8. 책을 읽고 나서 자신의 생각이나 느낌을 말이나 글로 표현해 보려 하나요?

초등 저학년(1~3학년)
읽기의 기반을 다지는 시기(1, 2, 3, 5, 6번 항목 중심)

이 시기 아이들은 글 읽는 즐거움을 느끼고 이야기를 따라가며 읽기에 점점 익숙해집니다. 그림이나 표지, 작은 단서들로 내용을 유추해 보는 시도, 이야기 순서를 따라가며 흐름을 정리하는 능력,

정보에서 중심 내용을 찾아보는 태도, 문제와 해결, 원인과 결과를 구분해 보는 기초 감각은 모두 읽기 문해력의 출발점이 되는 중요한 요소들입니다.

아직 복잡한 글의 구조를 이해하거나 인물의 속마음을 깊이 읽어내는 것은 어려울 수 있습니다. 그러나 "이건 어떤 이야기일까?", "이 장면이 왜 재미있었을까?"와 같은 질문이 아이의 읽기 사고를 자연스럽게 넓혀줍니다. 지금은 단순해 보여도 이러한 읽기 경험들이 쌓여 깊이 읽는 글 읽기의 토대가 된다는 사실을 기억하세요.

초등 고학년(4~6학년)

읽기에 깊이와 구조적 이해를 더해가는 시기(4, 5, 6, 7, 8번 중심)

고학년 아이들은 단순히 글을 따라가는 데 그치지 않고 글의 구조와 맥락을 파악하며 읽습니다. 인물의 감정이나 대화 속 숨은 의미를 파악하고, 자신의 경험과 연결 지어 생각하며 정보글의 핵심을 스스로 찾아내는 태도가 발달합니다. 문제 해결이나 인과관계를 구조적으로 이해하는 능력과 함께 읽은 내용을 자신만의 언어로 정리하여 표현하는 힘까지 기를 수 있습니다.

이러한 능력들은 대부분 저학년 때부터 글과 친해지는 경험을 바탕으로 자라납니다. 학년이 올라가며 글의 맥락을 파악하거나, 글에 직접적으로 나오지 않은 내용도 짐작하며 읽을 수 있게 됩니다.

지금 당장 모든 것을 완벽하게 해내지 못해도 괜찮습니다. 읽기 자체에 대한 흥미를 잃지 않도록 아이 나름의 속도로 차근차근 읽어가는 과정을 소중히 여겨주세요.

세상을 잘 보는 아이가
잘 읽는다

"선생님, 저기 강아지 좀 보세요!"

백희나 작가의 《알사탕》을 아이들에게 읽어주고 있는데, 준서가 갑자기 뭔가를 발견한 듯 신이 나서 소리칩니다.

"선생님, 동동이 집 강아지는 잠이 많은가 봐요. 졸린지 계속 자고 있어요."

준서의 이야기를 듣자 아이들이 웅성웅성 물어봅니다.

"어디? 어디? 강아지가 어딨는데?"

"저기. 저기 보면 벽에 붙어서 자고 있어."

"어, 다음 장면에도 있네. 눈도 잘 못 뜨고. 피곤한가? 나이가 많이 들었나?"

한참을 읽어주고 있는데 이번엔 지민이가 소리치네요.

"선생님, 동동이의 변화를 발견했어요. 전에는 머리카락에 귀가 계속 덮여 있었는데, 아빠의 사랑한다는 속마음을 듣고 아빠를 안아줄 때는 귀가 보여요!"

"아빠가 자꾸 잔소리만 해서 듣기 싫어서 귀를 가리고 있었나 봐. 그런데 아빠의 진짜 마음을 알고 나서 귀가 스르르 열렸나?"

한 친구가 뭔가를 발견하면, 다른 친구들도 신이 나서 경쟁하듯 작은 변화들을 찾아냅니다. 소품의 위치가 바뀐 것, 색깔이 달라진 것까지 놓치지 않죠.

백희나 작가님의 《알사탕》에서는 동동이가 문구점에서 산 알사탕에 비밀이 숨겨져 있습니다. 알사탕을 하나씩 입에 넣으면 마음이 들리거든요. 동동이네 집 강아지, 소파, 아빠, 그리고 돌아가신 할머니의 마음까지 들립니다. 동동이가 듣는 신기한 소리들에만 집중하는 줄 알았는데, 준서나 지민이처럼 그림 속 강아지의 모습이나 동동이의 모습 같은 미묘한 변화들을 세심하게 관찰하는 아이들이 있습니다. 이런 아이들은 이야기 속에서 작가가 의도적으로 바꾼 단어의 쓰임도 찾아냅니다. 주인공이 '말했다'고 했다가 '소리쳤다'로 변한 부분, 글 속에서 '하지만' 같은 접속어(이하 연결어로 표기)가 갑자기 등장했을 때 앞의 내용과 반대되는 이야기가 나올 거라며 글의 흐름이 바뀌는 부분도 감지합니다.

관찰력이
좋은 아이들의 특징

위 에피소드에서 볼 수 있듯이 관찰력이 뛰어난 아이들은 읽기에서 특별한 능력을 보입니다. 구체적으로 어떤 모습으로 나타날까요? 그 특징들을 살펴보겠습니다.

● 작은 변화도 민감하게

준서와 지민이가 《알사탕》에서 강아지와 동동이의 모습을 발견한 것처럼, 관찰력이 뛰어난 아이들은 글을 읽을 때도 작가가 의도적으로 배치한 단어의 변화나 반복, 문체의 변화 등을 자연스럽게 알아차립니다.

예를 들어 이야기의 초반에 '말했다'로 표현되던 것이 중반부터 '고함을 쳤다'로 바뀌면, 단순히 대화 방식이 달라진 것이 아니라 등장인물의 감정 상태나 상황이 바뀌었다는 것을 자연스럽게 눈치 챕니다. 또한 '비가 내렸다'가 '비가 쏟아졌다'로, '옅게 웃었다'가 '소리 내어 웃었다'로 바뀌는 미묘한 표현의 차이를 놓치지 않고, 그 안에 담긴 감정이나 분위기의 변화도 읽어냅니다.

설명문에서도 이런 세밀한 관찰력이 발휘됩니다. 관찰력이 좋은 아이는 '먼저'라는 단어가 나오면 '아, 순서대로 설명하는 글이구나.' 하고 미리 글의 구조를 예측하며 읽습니다. '그러나', '하지만', '반면에'와 같은 대조를 나타내는 연결어가 등장하면 '앞의 내용과 반대되는 이야기가 나오겠구나' 하며 마음의 준비를 하지요.

마치 그림 속에서 작은 단서들을 놓치지 않듯이, 글에서도 이런 신호들을 민감하게 포착해서 글 전체의 흐름과 논리를 빠르게 파악합니다.

● 전체 흐름 속에서 의미 파악하기

동동이네 강아지가 동동이와 잘 놀아주지 않는 이유는, 동동이를 싫어해서가 아니라 나이가 들어 힘이 부쳐서 그런 것임을 보여주기 위해 백희나 작가님은 그림책 곳곳에 단서를 두었습니다. 관찰력이 좋은 아이들은 이런 흩어져 있는 단서들을 하나씩 모아서 '아, 동동이네 강아지가 나이가 많구나.'라는 전체 그림을 완성해 냅니다. 이런 능력은 읽기에서도 그대로 발휘됩니다. 각 문장이 전체 이야기에서 어떤 역할을 하는지 쉽게 파악합니다. 문장과 문단을 전체 글의 흐름 속에서 파악하는 능력이 자연스럽게 발달하는 것이죠. 단순히 문장을 해독하는 것을 넘어서 그 문장이 앞뒤 맥락과 어떻게 연결되는지 이해합니다.

예를 들어 '동수는 조용히 방문을 열었다.'라는 문장을 읽을 때, 관찰력이 좋은 아이는 '왜 조용히 열었을까?', '앞에서 어떤 일이 있었길래?', '다음에는 뭔가 조심스러운 상황이 펼쳐질 것 같다'라는 생각을 자연스럽게 하게 됩니다. 하나의 문장을 전체 이야기의 맥락 속에서 해석하는 능력이 발달해 있는 것이지요.

전체 맥락 속에서 하나의 문장을 해석할 줄 아는 아이들은 등장인물의 행동 하나하나를 그 인물의 전체적인 성격이나 상황 속에서 이해할 수 있습니다. 평소 활발하던 주인공이 갑자기 조용해졌다면, 이전 상황과 연결해서 '뭔가 충격적인 일이 있었구나.' 하고 추측하며 읽어갑니다.

● 글 속 숨은 의미 찾기

일상에서도 "왜 그럴까?"라는 의문을 가지며, 사물이나 사람을 자세히 관찰하기를 즐기는 아이들은 읽기에서도 직접적으로 쓰여 있지 않은 내용을 추론하며 행간의 의미를 파악하고 다음 상황을 예측할 수 있습니다.

글에서도 직접적으로 표현되지 않은 등장인물의 감정이나 상황을 추론해 냅니다. 예를 들어 '엄마는 아무 말도 하지 않았다.'라는 문장에서는 엄마의 실망감이나 속상함을 읽어낼 수 있습니다. 그리고 '하늘이 점점 어두워졌다.'와 같은 표현을 읽으며 앞으로 뭔가 불길한 일이 일어날 것 같다고 예측할 수 있지요. 이런 것들이 바로 깊이 있는 독해력의 핵심이라 할 수 있습니다. 작가가 의도적으로 숨겨둔 메시지나 복선을 찾아내고, 이야기의 다음 전개를 예측하며 능동적으로 읽어가는 능력이 여기서 시작됩니다.

● 시각적 정보와 언어적 정보를 연결하기

관찰력이 좋은 아이들은 본 것을 정확하고 자세하게 표현합니다. 그래서 시각적 자극을 언어로 표현하고 의미화하는 과정에 익숙하지요. 연못에서 본 수련을 "수련 잎사귀들이 우산 같아요. 그런데 어떤 건 구멍이 뚫려 있어서 구멍 난 우산 같아 못 쓰겠어요. 어떤 건 작아서 아기 우산 같네요. 내 동생 수민이가 써야 할 것 같아요."와 같이 구체적으로 묘사할 수 있습니다.

이 과정에서 시각적 정보와 언어적 정보를 연결하는 능력이 발달하며, 그 결과 글을 읽을 때는 언어적 정보를 머릿속에서 생생하게 그려낼 수 있게 됩니다. '바람이 나뭇가지를 흔듭니다.'라는 문장을 읽으며 실제로 나뭇가지가 바람에 흔들리는 모습을 상상할 수 있게 되고, '할머니의 주름진 손'이라는 표현을 만나면 할머니 손의 모습을 머릿속에 구체적으로 그려낼 수 있습니다.

이런 능력은 특히 문학 작품을 읽을 때 큰 도움이 됩니다. 작가가 묘사한 장면이나 인물을 머릿속에서 생생하게 재현할 수 있기 때문에 글에 더 몰입하게 되고, 내용을 더 잘 이해할 수 있게 되지요.

● 능동적 읽기 태도의 시작

무언가를 자세히 관찰하는 활동은 자연스럽게 아이들의 집중력을 길러줍니다. 한 대상을 오랫동안 지켜보고 작은 변화까지 포착하려면 깊은 집중이 필요하기 때문입니다.

이렇게 길러진 집중력은 읽기에서 긴 글을 끝까지 집중해서 읽는 능력으로 자연스럽게 이어집니다. 다른 아이들이 중간에 지루해하거나 산만해지는 상황에서도 관찰력이 좋은 아이들은 끝까지 집중력을 유지하며 글의 전체적인 흐름을 놓치지 않습니다.

읽으면서도 계속해서 '관찰하는 자세'도 유지하게 됩니다. 단어 하나, 문장 하나도 그냥 넘어가지 않고 그 안에 담긴 의미나 작가의 의도를 찾으려 노력하지요. 이런 능동적인 읽기 태도가 바로 관찰력에서 비롯된 것입니다.

● 비판적으로 읽고 판단하며 읽는 습관

관찰을 통해 "정말 그럴까?", "다른 가능성은 없을까?", "왜 저런 행동을 했을까?"를 생각하는 습관이 생긴 아이들은 겉으로 드러난 현상과 실제 상황의 차이를 구분하는 능력이 뛰어납니다. 이런 비판적 사고 습관은 읽기에서도 그대로 발휘되어 글의 표면적 의미와 숨겨진 의도를 구분하는 비판적 독해력으로 발전합니다. 작가의 주장이나 등장인물의 말을 그대로 받아들이는 것이 아니라 스스로 한 번 더 생각해 보게 되지요.

예를 들어 동화에서 '왕자는 착한 사람이었습니다.'라고 쓰여 있더라도, 이야기 속 왕자의 실제 행동을 보고 정말 착한지 판단하려 합니다. 신문 기사를 읽을 때도 기자의 관점이나 숨겨진 의도가 있는지 생각해 보고, 광고를 볼 때는 과장된 표현이나 빠진 정보가 없는지 살펴봅니다.

이런 비판적 사고력은 고학년이 될수록 더욱 중요해집니다. 고학년이 되면 다양하고 복잡한 정보를 훨씬 많이 접하게 됩니다. 단순히 정보를 받아들이는 것이 아니라 그 정보가 믿을 만한지, 타당한지 스스로 판단할 수 있어야 하기 때문이지요.

왜 관찰력부터
길러야 할까?

많은 부모들이 아이의 읽기 실력을 늘리려면 책을 많이 읽히거나 독서 기술을 가르치는 것이 우선이라고 생각합니다. 물론 이런 방법들도 분명 도움이 되지만 기술적인 접근만으로는 한계가 있습니다. 마치 기초 체력 없이 운동 기술만 배우려는 것과 같기 때문이지요. 무엇보다 중요한 것은 읽기의 토대가 되는 기본기를 먼저 단단히 다지는 일입니다.

읽기는 본질적으로 '보이지 않는 것을 보는 능력'입니다. 글자라는 기호를 통해 표현된 작가의 생각과 감정, 상황과 장면을 머릿속에서 그려내는 일이죠. 바로 이런 능력이 관찰 능력과 밀접한 관련이 있습니다. 세상을 자세히 보고, 변화를 알아차리고, 숨겨진 의미를 찾아내는 관찰 능력이 바로 읽기 능력의 밑바탕이 되는 것입니다.

관찰력이라는 든든한 기초 위에서 발달한 읽기 능력은 훨씬 더 단단하고 오래갑니다. 단순히 글자를 해독하는 수준을 넘어서 글 속에 담긴 깊은 의미까지 파악할 수 있게 해주기 때문이지요.

잘 읽는 아이가 되기를 원한다면 먼저 잘 관찰하는 아이가 되게 해주세요. 일상에서 관찰하는 즐거움을 느끼게 해주세요. 세상을 자세히 보는 눈을 가진 아이가 글 속 세상도 깊이 있게 읽어낼 수 있으니까요.

관찰력과 이해력의
상관관계

　책을 읽는 아이는 많지만 글을 정확히 이해하는 아이는 생각보다 많지 않습니다. 무엇이 그 차이를 만들까요? 많은 부모들은 아이의 이해력이 부족한 이유를 집중력이나 배경지식에서 찾습니다. 집중력이 부족해서 글을 끝까지 제대로 읽지 못하거나, 글에 나오는 단어나 상황에 대한 배경지식이 없기 때문에 내용을 잘 이해하지 못한다는 것이지요. 하지만 그보다 더 근본적인 차이는 바로 관찰력에 있습니다.

　우리가 키워야 할 아이는 글을 '눈으로만' 읽는 아이가 아닙니다. 글 속에 숨어 있는 단서들을 찾아내고, 문장 사이의 관계를 감지하며, 글쓴이가 무엇을 강조하고 어디에서 방향을 바꾸며 어떤 메시지를 남기려 하는지를 포착해 내는 아이입니다. 글을 이해한다는 것은 결국 글의 입구로 들어가 출구를 제대로 찾아 나오는 일입니다. 작가가 전하고자 하는 핵심 메시지를 제대로 파악하는 것, 이것이 바로 글을 제대로 이해한다는 의미입니다.

우리 아이가 주목해야 할
일곱 가지 의미 장치

같은 글을 읽어도 어떤 아이는 빠르게 훑어보며 "재미없어."라고 말하는 반면, 관찰력이 좋은 아이는 "여기 이 부분 정말 재미있지 않아요?"라며 글 속 한 문장을 다시 읽어봅니다. 관찰력이 좋은 아이는 글의 '출구'를 정확히 찾아냅니다. 글을 읽을 때 단어 하나, 표현 하나를 그냥 지나치지 않지요. '글쓴이가 왜 이 단어를 골랐을까?', '이 표현이 주는 느낌은 무엇일까?'를 생각하며 읽기 때문입니다. 바로 이런 세심한 시선이 글 안에서 작가가 남겨 놓은 중요한 실마리들을 발견하게 해줍니다. 이런 실마리들은 마치 '출구를 향해 가는 이정표'와 같습니다. 우리 아이가 이런 이정표를 놓치지 않는 관찰력 있는 아이로 자라게 도와주세요.

지금부터 책을 읽을 때 알아두면 좋을 의미 장치를 찾는 일곱 가지 방법을 소개합니다. 다음의 의미 장치들을 찾아보는 습관을 길러주세요.

1. 반복되는 단어나 표현에 주목하기

여러 번 반복해서 나오는 말은 작가가 강조하고 싶은 내용이라는 뜻입니다. 같은 단어나 표현이 여러 번 나타날 때 그냥 지나치지 않도록 도와주세요. "어? '소중한'이라는 말이 또 나왔네?" 같은 단어가 나왔을 때, 아이와 함께 한번 더 짚어주세요. 환경에 관한 글을 아이와 같이 읽을 때, '지구'라는 단어가 계속 반복된다면 "지구라는 말을 자꾸 쓰는 걸 보니 지구 전체의 문제라는 걸 말하고 싶은 것 같지 않을까?"라고 질문해 보세요. 같은 단어의 반복을 그저 우연으로 넘기던 아이도 자연스럽게 아이는 작가의 의도를 파악하는 법을 배우게 됩니다.

2. 제목과 본문을 연결해서 읽는 습관을 기르기

제목을 단순히 '글의 이름' 정도로만 생각하지 않도록 해주세요. 제목은 지은이가 전달하고자 하는 핵심 메시지를 담고 있는 중요한 정보입니다. 아이가 본문을 읽어가면서 제목의 의미를 계속 되새겨 볼 수 있게 도와주세요.

《이빨 사냥꾼》이라는 그림책을 예를 들어보겠습니다. '이빨 사냥꾼'이라는 제목을 보며 "누구의 이빨을 말하는 걸까?"라고 궁금해하게 해주세요. 본문에서 코끼리들이 아이의 이빨을 뽑아가는 장면이 나올 때, '제목에서 말한 이빨은 아이의 이빨이었구나.' 하고 아이가 본문과 제목을 자연스럽게 연결 짓도록 도와주세요. 특히 꿈

속에서 톱과 도끼로 아이의 이빨을 뽑는 모습도 자세히 관찰해 보게 하고요. 그리고 꿈에서 깨어난 아이가 코끼리 상아를 든 어른들을 보는 장면에서는 꿈속 장면과 비교하여 '어? 현실에서는 사람이 코끼리 이빨(상아)을 들고 가고 있네. 꿈과 현실이 정반대였구나' 하고 자연스럽게 깨닫게 해주세요. 이렇게 처음 읽은 아이는《이빨 사냥꾼》이라는 제목의 의미를 다시 한번 생각해 보게 됩니다. '이빨'은 어린아이의 치아가 아닌 코끼리의 상아를 가리키는 것이었고, 사냥꾼은 결국 코끼리가 아닌 사람이었다는 것을 깨닫게 됩니다.

3. 표지 그림이나 삽화 속에 숨어 있는 단서 발견하기

글 속 삽화나 표지 그림은 글쓴이가 주제를 효과적으로 전달하기 위해서 심어놓은 중요한 단서들입니다. 특히 동화책에서는 직접 드러내지 않는 의미나 감정을 그림을 통해 보여주는 경우가 많습니다. 《이빨 사냥꾼》의 예를 연이어 들어보겠습니다. 이야기가 시작되는 장면에는 코끼리가 한 마리도 보이지 않다가 마지막 장면을 자세히 보면 코끼리 한 마리가 홀로 초원을 걷고 있는 모습을 발견할 수 있습니다. 그리고 책의 뒷표지를 펼쳐보면 놀라운 장면이 펼쳐집니다. 외로운 코끼리 한 마리가 이제 엄마가 되어 새끼 코끼리와 함께 평화롭게 걸어가고 있는 뒷모습이 그려져 있거든요. 아이가 이런 세부적인 변화를 놓치지 않고 발견한다면 "아, 코끼리들이 다시 안전하게 살 수 있게 되었구나. 우리 사람들이 코끼리를 보호해

주어야겠다."와 같이 작가가 전달하고자 하는 핵심 메시지를 마음에 담을 수 있게 됩니다.

글에서 직접 설명하지 않는 내용도 그림 속 작은 변화를 통해 전달되는 경우가 많습니다. 이런 시각적 단서들을 세심하게 관찰하는 아이가 글의 표면적 의미를 넘어 작가의 깊은 의도까지 읽어낼 수 있습니다. 책을 읽을 때 글자에만 집중하지 말고 표지와 삽화의 세부적인 부분까지 주의 깊게 살펴보는 습관을 길러주세요. 작가들은 종종 중요한 메시지를 그림 속에 숨겨놓기 때문입니다.

4. 내용이 전환되는 부분이 포인트

'예를 들어', '하지만', '결국'과 같은 연결어는 글의 방향을 알려주는 신호등과 같습니다. 이런 전환 표현들을 놓치지 않는 아이가 글의 논리적 구조를 정확히 파악할 수 있습니다.

환경 보호에 관한 글을 읽다가 '많은 사람들이 환경을 걱정하고 있습니다. 하지만 실제 행동으로 옮기는 사람은 많지 않습니다.'라는 문장을 만났다고 해보겠습니다. 아이가 '하지만'에 주목한다면 '앞에서 말한 것과 반대되는 이야기가 나오는구나. 걱정만 하고 실천하지 않는다는 문제점을 지적하려는 건가?'라며 예상하며 읽을 거예요. '예를 들어'가 나오면 '이제 구체적인 사례가 나오겠구나.'라고 마음의 준비를 하게 해주세요. '결국'이 나타나면 '지금까지의 내용을 정리하는 결론이 나오겠구나'라며 핵심 메시지에 집중하도록 도와주세요. 이런 신호들을 민감하게 포착하는 아이가 글쓴이의 의도를 놓치지 않고 따라갈 수 있습니다. 이 부분과 관련해서는 다음 장에서 좀 더 자세하게 다뤄보도록 하겠습니다.

5. 처음과 끝의 연결고리 찾기

글을 다 읽고 난 후, 글의 시작과 끝을 비교해보며 변화나 연결점을 찾아보게 해주세요. 이야기 글에서는 주인공이나 상황의 변화를, 설명문에서는 핵심 주장이 반복되는 부분을 주목해 주세요.

예를 들어 글의 첫 문장이 '작은 씨앗 하나가 땅에 떨어졌습니다.'이고, 마지막 문장이 '그 작은 씨앗은 이제 큰 나무가 되었습니다.'라고 해볼게요. 이 첫 문장과 마지막 문장을 연결해서 '작은 씨앗이 큰 나무가 된 이야기였구나. 이 글은 성장에 대한 이야기였구나.'라는 글 전체의 주제를 파악하도록 이끌어주세요.

설명문이나 논설문에서는 도입 부분과 결론 부분에서 반복되는 핵심 주장을 찾아보는 연습이 필요합니다. '환경 보호가 중요합니다.'로 시작해서 '따라서 우리 모두 환경 보호에 힘써야 합니다.'로 끝나는 글에서는 '처음과 마지막에 환경 보호 이야기가 반복되네. 작가가 가장 강조하고 싶었던 메시지구나.' 하고 글의 핵심 주장을 정확히 찾아낼 수 있도록 도와주세요.

이처럼 처음과 끝을 연결해서 보는 아이가 글의 전체적인 흐름과 핵심 메시지를 놓치지 않고 파악할 수 있습니다. 글의 시작점과 도착점을 함께 살펴보는 것만으로도 작가가 무엇을 말하고 싶은지를 명확하게 이해할 수 있게 됩니다.

6. 단어 선택의 차이 느끼기

같은 상황을 표현하더라도 작가가 선택하는 단어에 따라 전달되는 느낌이 완전히 달라집니다. 이런 미묘한 차이를 감지하는 아이가 글의 행간에 숨어 있는 감정과 분위기까지 정확하게 읽어낼 수 있습니다.

비가 '내렸다'와 비가 '쏟아졌다'를 비교해 볼까요? 아이에게 "같은 비인데 왜 '쏟아졌다'고 했을까?"라고 물어보며, "갑작스럽고 세게 내렸나 봐. 급박하거나 위험한 상황을 보여주려는 건 아닐까?"와 같이 미묘한 차이를 추론해 볼 수 있도록 도와주세요. '웃었다'와 '미소 지었다'의 차이도 살펴볼게요. "웃었다는 소리가 날 정도로 크게 웃는 거고, 미소 지었다는 조용하게 웃는 거네. 상황이나 기분이 다른가 봐."라며 느낌의 차이를 구분해 보도록 이끌어주세요.

'말했다'와 '속삭였다', '외쳤다'와 '중얼거렸다'처럼 모두 말하는 행동을 뜻하는 단어들이지만, 표현 방식에 따라 달라지는 의미도 주목하게 해주세요. "속삭였다고 하니까 비밀스럽거나 조용한 분위기가 느껴져. 무슨 일이 벌어지려나 싶어서 나도 긴장하게 돼."와 같이 단어 하나가 만들어내는 분위기의 변화를 정확히 포착하게 이끌어주세요. 작가의 단어 선택을 세심하게 관찰하는 아이가 글의

표면적 내용뿐만 아니라 숨겨진 감정과 의도까지 깊이 있게 이해할
수 있습니다.

7. 문장의 흐름을 따라가기

문장과 문장이 어떻게 연결되는지 파악하는 것은 글의 논리적 구
조를 이해하는 핵심입니다. 이런 연결 관계를 주의 깊게 살펴보는
아이가 글 전체의 맥락을 정확히 이해할 수 있습니다. 원인과 결과
관계로 이어지고 있는지, 일반적인 설명에서 구체적인 예시로 이어
지고 있는지 혹은 시간 순서대로 나열되고 있는지, 아이가 문장의
흐름을 파악할 수 있도록 도와주세요.

'세계에는 여러 종류의 집들이 있습니다. 특히 이누이트족의 이
글루는 얼음으로 만든 독특한 집입니다.'라는 문장을 보며, '전체적
인 이야기에서 구체적인 예시로 넘어가는구나. 이글루를 예로 들어
서 세계의 다양한 집을 설명하려는 건가 보다.'라고 파악할 수 있도
록 도와주세요. '예전에는 이런 일이 일어나지 않았습니다. 그런데
요즘에는 자주 일어나고 있습니다.'와 같은 문장에서는 시간의 대
조를 발견하게 해주세요. "과거와 현재를 비교하고 있네. 문제가 점
점 심해지고 있다는 걸 보여주려는 것 같아."라며 변화를 통해 전달
하려는 의미를 읽어낼 수 있도록 이끌어주세요.

'미세먼지가 많이 발생했습니다. 그 결과 많은 사람들이 마스크
를 착용했습니다'와 같은 문장에서는 원인과 결과의 관계도 알아챌

수 있습니다. "앞 문장이 원인이고 뒤 문장이 결과구나. 미세먼지 때문에 마스크를 쓰게 된 거네."라며 논리적 연결고리를 파악해 봅니다.

이처럼 문장들 사이의 논리적 연결을 파악할 줄 아는 아이는 글쓴이가 말하고자 하는 바를 정확히 이해할 수 있습니다. 문장들의 연결 관계를 주의 깊게 살펴 각 문장이 전체 글에서 어떤 역할을 하는지 알게 되면, 글의 핵심 내용을 놓치지 않게 되지요.

이런 의미 장치들을 아이가 놓치지 않도록 하려면 탐정이 단서를 찾듯 읽는 습관을 길러주는 것이 중요합니다. "빨리 끝까지 다 읽어야지."라며 속도에 집중하기보다 읽는 중간중간 멈춰서 글 속에 숨어 있는 의미의 단서들을 찾아낼 수 있는 시간을 주세요.

아이에게 이런 질문들도 던져보세요.

"어? 이 말이 또 나왔네. 글쓴이는 왜 이걸 반복했을까?"

"여기서 갑자기 '하지만'이 나오네. 앞 이야기와 다른 말을 하려나 봐."

"아, 제목에서 나온 말이 여기도 나오네. 중요한 내용인가 봐."

아이가 놓친 부분이 있어도 다그치지 말고 "우리 다시 한번 같이 살펴볼까?"라며 격려해 주세요. 이처럼 글을 읽으면서 스스로 질문하고, 의미의 신호들을 하나씩 모아가는 습관을 '의미 스캐닝'이라고 합니다. 마치 퍼즐 조각을 맞춰가듯 작가가 숨겨놓은 의도를 차근차근 찾아내도록 도와주세요.

　지금까지 살펴본 일곱 가지 의미 장치들을 통해, 우리 아이는 같은 글을 읽어도 훨씬 더 깊이 이해할 수 있게 됩니다. 단순히 "주인공이 문을 열었다 닫았다 했어요."라고 넘어가던 아이가 "문을 세 번이나 여닫는 걸 보면, 뭔가 망설이는 것 같아요."라며 행동 뒤에 담긴 인물의 심리까지 읽어낼 수 있게 됩니다. "북극곰이 불쌍해요."에서 그치던 아이가 '우리', '지금 당장' 같은 표현을 통해 글쓴이가 우리에게 행동하라고 말하고 있구나"라며 글의 구조와 의도까지 파악하게 됩니다. 우리 아이가 글 속의 의미 장치들을 놓치지 않고 발견할 수 있도록 해주세요. 바로 이런 과정에서 관찰력이 이해력으로 이어집니다.

　결국 관찰력은 단순히 '잘 보는 능력'이 아닙니다. 작가가 글 곳곳에 심어놓은 의미의 신호들을 찾아내어, 그것들을 연결해 핵심 메시지에 도달하는 힘입니다. 이런 관찰력은 일상에서 부모와 함께하는 읽기 경험을 통해 충분히 길러질 수 있습니다. 아이와 함께 책을 읽으며 "어? 이 단어가 또 나왔네.", "여기서 분위기가 바뀌는 것 같아."라고 작은 발견들을 함께 나누는 것만으로도 아이의 관찰력은 자라납니다.

관찰력을 두 배로
키우는 방법

"선생님, 이게 무슨 뜻이에요?"

아이가 교과서에 나와 있는 문장을 가리키며 묻습니다. 문장을 들여다보니 특별히 어려운 단어도 없어요. 그런데 왜 아이는 이해하지 못했을까요?

아이가 문장의 의미를 이해하지 못한 이유는 문장을 읽을 때 단어 하나하나의 뜻은 알아도, 그 단어들이 모여서 만들어내는 전체 문장의 구조와 의미를 파악하는 데 어려움을 겪기 때문입니다. 아이들은 문장의 모든 부분을 똑같은 비중으로 받아들이는 경향이 있지만, 실제로 문장에서 각 성분들은 서로 다른 역할을 합니다.

아이들에게 쉽게 알려주는
문장의 구성성분

　문장을 이루는 부분은 크게 문장에 필수적인 주성분과 주성분을 꾸며주는 부속성분으로 나뉘어요. 주성분은 '누가'에 해당하는 주어, '무엇을'에 해당하는 목적어, 문장에서 주어의 내용을 보충하는 말로 '되다', '아니다' 앞에 오는 보어, 그리고 '주어의 동작이나 상태' 등을 나타내는 서술어로 이루어져 있습니다.

　부속성분은 주성분의 내용을 꾸며주거나 보충해 주는 부분으로 관형어와 부사어가 해당됩니다. (그 외에도 다른 성분과 관계없이 독립적으로 쓰이는 독립성분도 있지만, 이런 용어는 초등학교 수준에서는 어려우니 생략하겠습니다.)

　이런 문법 용어는 부모님만 알아두시고, 아이에게는 '누가', '무엇을', '어떻게 하다'가 '문장의 중심'이고, 그 밖에 꾸며주는 말들은 주된 부분을 보충 설명해 주는 '보조 부분'이라고 쉽게 설명해 주세요.

　문장의 의미를 파악할 때는 주성분과 부속성분(이하 보조성분으로 표기)을 구분하고, 어떤 부분이 중요한지 그 중요도에 따라 의미를 파악해야 합니다. 글의 의미를 잘 파악하지 못하는 아이들은 어떤 부분이 핵심인지 구분하지 못하기 때문에 문장 전체의 뜻을 놓치는 경우가 많습니다.

읽기를
힘들어하는 이유

우리 아이는 읽는 데 어떤 어려움을 겪고 있을까요? 혹시 아이가 다음과 같은 어려움을 겪고 있지는 않은지 확인해 보세요.

- 문장을 읽을 때 중요한 부분과 덜 중요한 부분을 구분하지 못해요.
- 긴 문장을 읽으면 무슨 의미인지 잘 이해하지 못해요.
- 문장에서 핵심이 무엇인지 찾아내지 못해요.
- 앞 문장과 뒤 문장을 비교해서 변화를 읽어내지 못해요.

이런 어려움을 겪는 아이들에게는 문장의 내용과 구조에 따라 다른 읽기 방법을 알려주는 것이 도움이 됩니다. 어떤 문장에서는 문장 안에서 핵심이 되는 부분을 정확히 찾아내는 것이 중요하고, 또 어떤 문장에서는 앞뒤 문장과의 관계 속에서 의미 변화를 읽어내는 것이 중요하기 때문이지요. 내용을 제대로 파악하기 위해서는 문장을 단순히 읽는 것이 아니라 문장의 구조와 의미를 어떻게 이해해야 하는지를 익혀 전략적으로 읽도록 해야 합니다. 그렇다면 지금부터 문장을 이해하는 방법을 구체적으로 살펴보도록 하겠습니다.

문장의 구성성분,
왜 알아야 할까?

오케스트라를 한번 상상해 볼게요. 바이올린, 첼로, 플루트, 트럼펫이 모두 다른 역할을 하며 하나의 아름다운 음악을 만들어냅니다. 그중에는 주선율을 담당하는 악기가 있고, 주선율을 더 풍성하게 만들어주는 보조 선율을 담당하는 악기들이 있지요.

문장도 마찬가지입니다. 관찰력이 좋은 아이는 글을 읽을 때, 단어들이 각각 어떤 '파트'를 담당하는지 구분해서 봅니다. 그리고 어떤 단어들이 문장에서 좀 더 중요한 역할을 하는지도 알아챕니다. 문장이 전달하고자 하는 전체적인 '음악'을 놓치지 않는 것이지요.

1. 주성분 중심으로 문장의 뼈대 파악하기

긴 문장이나 복잡한 문장을 만났을 때는 '누가, 무엇을, 어떻게 하다'와 같은 주성분에 집중해서 문장의 핵심 내용을 먼저 파악합니다.

주성분은 (누가/무엇이), (무엇을), (어떻게 하다/어떻게 되다)에 해당되는 부분입니다. 보조성분은 나머지 주성분을 꾸미거나 더 자세히 설명해 주는 부분을 가리키지요.

예시 문장을 통해 자세히 살펴볼게요.

> 더운 여름 오후에 엄마가 시원한 수박 냉채를 맛있게 만들어주셨다.

이 문장에서 주성분을 찾아볼까요? 주성분은 앞서 설명한 '누가', '무엇을', '어떻게 하다' 와 관련된 부분입니다.

이 문장에서 주성분을 찾아보면 '엄마가(누가) 수박 냉채를(무엇을) 만들어주셨다(어떻게 하다).'입니다. 나머지 '더운 여름 오후에', '시원한', '맛있게'는 모두 보조성분으로 언제, 어떻게 만들어주셨는지를 자세히 설명해 줍니다.

따라서 이 문장의 핵심은 '엄마가 수박 냉채를 만들어주셨다.'입니다. 그리고 보조성분들은 '언제, 어떻게' 만들어주셨는지를 구체적으로 보여주는 것입니다.

2. 보조성분 중심으로 변화와 의미 읽어내기

앞뒤 문장을 비교해서 변화나 숨은 의미를 파악할 때는 보조성분에 주목합니다. 다음과 같은 상황을 예로 들어보겠습니다.

> 민성이가 동생과 함께 신나게 운동장에서 축구를 하고 있었습니다.

이 문장에서 '민성이가'는 '누가' 즉 주어에 해당됩니다. '축구를'

은 '무엇을'이라는 목적어에 해당되고요. '하고 있었습니다'는 행동을 나타내는 서술어에 해당되지요. 그리고 '동생과 함께, 신나게, 운동장에서'와 같은 말들은 꾸며주는 말 혹은 보충해 주는 말입니다.

이 문장의 주성분은 '민성이가 축구를 하고 있었다.'입니다. 그 외의 부분들은 '민성이가 축구를 하고 있다.' 이 사실을 보충해 주는 정보입니다. 그런데 앞뒤 문장을 비교하며 의미를 파악할 때는 보조성분을 주목해야 할 때가 있습니다. 바로 다음과 같은 경우입니다.

> 민성이는 레고로 비행기를 조립하고 있었습니다. 한참 비행기를 조립하고 있는데 동생이 장난으로 레고 블록 중 몇 개를 숨겼습니다. 동생이 숨긴 레고 블록 때문에 비행기를 제대로 조립할 수 없게 되자, 민성이는 동생과 크게 다투었습니다. 바로 그때 엄마가 현관문을 열고 들어오셨고, 형이 그런 일로 동생과 싸우냐며 혼을 내셨습니다. 풀이 죽은 민성이는 밖으로 나갔습니다.
> 민성이를 혼내고 나서 마음이 편치 않았던 엄마는 잠시 후 밖으로 나가 보았습니다. 민성이는 동생과 함께 신나게 운동장에서 축구를 하고 있었습니다.

이 글을 살펴보면, 마지막 문장 바로 앞의 내용이 민성이가 동생과 싸워서 엄마에게 혼이 나고 풀 죽어 있는 모습이었습니다. 그런데 마지막 문장의 '신나게'와 '동생과 함께'라는 단어를 보고, '동생과 화해를 했구나. 풀이 죽어 있었는데 지금은 기분이 좋구나.' 하고 연결 지어 생각할 수 있는 거지요. 이런 경우는 주성분이 아닌 보조성분에 좀 더 주목하여 글의 의미를 파악해야 합니다.

이처럼 문장을 구성하고 있는 각 성분의 역할을 파악하여 그 의미를 서로 연결 지으면 내용을 제대로 파악할 수 있습니다.

다시 한번 연습해 볼까요?

> 아침 일찍 잠에서 깬 연우는 창밖을 보았습니다. 창밖에는 함박눈이 내리고 있었지요.
> 연우는 빨리 눈사람을 만들고 싶은 마음에 자고 있던 아빠와 형을 깨우고 싶었습니다. 아빠와 형은 아무리 흔들어도 깨지 않았습니다. 한참이 지나, 잠에서 깬 형과 아빠가 두리번거리며 연우를 찾았습니다. 창문 아래를 내려다본 형은 연우를 발견했습니다. 추운 겨울날 아침, 연우는 아파트 주차장에서 혼자 눈사람을 만들고 있었습니다.

이 글에서 (누가/무엇이), (무엇을), (어떻게 하다)에 해당되는 부분을 초록색으로 표시해 보세요.

> 아침 일찍 잠에서 깬 연우는 창밖을 보았습니다. 창밖에는 함박눈이 내리고 있었지요.
> 연우는 빨리 눈사람을 만들고 싶은 마음에 자고 있던 아빠와 형을 깨우고 싶었습니다. 아빠와 형은 아무리 흔들어도 깨지 않았습니다. 한참이 지나, 잠에서 깬 형과 아빠가 두리번거리며 연우를 찾았습니다. 창문 아래를 내려다본 형은 연우를 발견했습니다. 추운 겨울날 아침, 연우는 아파트 주차장에서 혼자 눈사람을 만들고 있었습니다.

문장을 구성하는 각 부분을 연결해서 줄거리를 파악해 보겠습니다. 함박눈이 내리는 걸 본 연우는 아빠와 형과 함께 눈사람을 만들고 싶어서 두 사람을 깨웠지만, 깨지 않아서 결국 혼자 눈사람을 만들었다는 이야기입니다.

이런 식으로 각 문장에서 주성분을 파악해서 의미를 서로 연결해 보면 전체 이야기의 흐름을 이해할 수 있습니다. 마지막 문장에 나오는 '혼자'라는 보조성분은 특별한 의미를 담고 있습니다. 연우가 눈사람을 아빠와 형과 함께 만들고 싶었지만 결국 '혼자' 만들었다는 상황을 강조하고 있기 때문이지요. 이럴 때는 주성분이 아닌 보조성분 '혼자'에 주목해서 글의 숨은 의미를 파악해야 합니다.

글의 의미를 파악하는 연습을 할 때, 아이와 함께 이런 식으로 연습해 보세요. 이 문장에서 '누가, 무엇을, 어떻게 했지'에 해당되는 주성분은 파란색으로 동그라미를 해보게 하고, 주성분을 보충해 주는 부분에는 초록색으로 줄을 그어보게 합니다. 그리고 그중 특별히 주목해야 할 부분을 빨간색으로 표시해 봅니다. 이렇게 시각화하면 중요한 정보와 그렇지 않은 정보를 한눈에 살펴볼 수 있습니다.

이처럼 상황에 따라 주성분과 보조성분 중에서 어디에 주목해야 할지 알아채는 것이 바로 관찰력 있는 읽기의 핵심입니다. 이런 연습을 통해 아이들은 문장과 글의 내용을 훨씬 깊이 있게 이해할 수 있게 됩니다.

문장과 문장을 잇는 다리를 보는 눈이 필요하다

"선생님, 아이가 읽긴 문제없이 잘 읽는 것 같은데요. 모르는 단어도 없다고 그러고요. 그런데 무슨 내용이었는지 물어보면 대답을 잘 못해요. 단어 뜻을 모르는 것 같지는 않은데… 왜 그럴까요?"

학부모 상담에서 이런 고민을 하시는 학부모님들을 자주 만나게 됩니다. 아이가 내용을 이해하지 못하는 이유에는 여러 가지가 있습니다. 글 속에서 만나는 단어 뜻 자체를 모를 때도 있지만, 단어 뜻을 알고 있는데도 전체 내용을 파악하기 어려워하는 경우가 더 많습니다.

앞에서 살펴보았듯이, 단어 하나하나의 뜻은 알아도 그 단어들이 모여서 만들어내는 문장에서 중요한 부분을 찾지 못하고 모든 부분을 똑같은 비중으로 받아들이는 경우가 있습니다. 한 문장 안에서 어떤 부분을 중요하게 기억해야 할지 알고 있음에도, 글 전체 내용이 파악되지 않는다면 글의 흐름을 잘 읽어내지 못했기 때문입니다.

글 속에 숨겨진 결정적 단서,
연결어

 글은 각각의 문장을 단순히 나열해 놓은 것이 아닙니다. 글 속 문장들은 떨어져 보이지만 의미로는 서로 긴밀하게 연결되어 있습니다. 이 연결을 만들어주는 연결고리가 바로 '연결어'입니다.

 관찰력이 부족한 아이들은 이런 연결어를 무의미한 단어처럼 지나쳐버립니다. 글의 구조와 의미를 연결해 주는 이러한 언어적 실마리를 놓치면, 아이의 눈에 글은 그저 단절된 정보가 나열된 것으로 보일 뿐입니다. 마치 미로 속에서 길을 잃은 것처럼 글 속을 헤매게 되는 것입니다.

 반대로 관찰력이 좋은 아이는 단어를 보는 데서 멈추지 않고, 문장과 문장 사이에서 의미의 흐름을 포착해 냅니다. '하지만'이라는 단어가 나오면 앞 문장과 뒤 문장의 내용이 반대라는 것을 알아채고, '그래서'라는 단어가 나오면 원인과 결과의 관계라는 것을 알아차립니다. 이렇게 문장의 관계를 해석할 수 있는 결정적 단서를 놓치지 않고 포착할 때, 글의 의미를 잘 파악할 수 있습니다.

 '그리고', '하지만', '그러므로', '예를 들어', '왜냐하면' 같은 연결어는 글쓴이가 독자에게 보내는 친절한 신호입니다. "여기서부터는 반대 얘기를 할 거야.", "이제 결론을 말할 거야.", "구체적인 예를 들어줄게."와 같은 메시지를 미리 알려주는 이정표인 셈이지요. 글쓴이는 자신의 핵심 메시지를 독자에게 전달하기 위해 논리적인 '징검다리'를 놓아둡니다. 연결어를 따라 글을 읽어야 글쓴이가 전달하고자 하는 핵심 메시지를 제대로 파악하고 글의 출구를 찾을 수 있습니다.

아래의 두 문장을 한번 살펴보겠습니다.

"날씨가 좋았다. 그래서 소풍을 갔다."
"날씨가 좋았다. 하지만 소풍을 가지 못했다."

같은 첫 문장이라도 연결어에 따라 전혀 다른 이야기가 펼쳐집니다. 연결어 하나가 글 전체의 방향에 끼치는 영향은 이렇게도 큽니다. 연결어를 제대로 파악하면 글의 흐름을 미리 예측할 수 있기 때문에 글 읽기가 훨씬 수월해집니다. 글의 흐름을 미리 예측할 수 있기 때문이지요. '하지만'이 나오면 앞의 내용과 반대되는 내용이, '따라서'가 나오면 글을 정리해 주는 결론이 나올 것임을 미리 알 수 있어 내용을 파악하기가 훨씬 용이합니다. 이렇게 연결어를 따라가다 보면, 글 전체가 어떤 구조로 이루어져 있는지 한눈에 파악할 수 있습니다. 글을 읽은 후에도 연결어를 중심으로 내용을 간단히 정리할 수 있어 요약이 훨씬 수월해집니다.

연결어를 중심으로 글을 읽는 습관이 생기면 아이는 단순히 내용을 따라가는 독자를 넘어 글쓴이의 생각 흐름을 읽고 그 의도를 짐작하는 독자가 됩니다.

연결어의 종류와 역할

초등학생이 자주 접하고 활용도가 높은 연결어 네 가지를 살펴보겠습니다. 각각이 어떤 신호를 보내는지 알아두면 글 읽기가 훨씬 쉬워집니다.

1. 순접(나열)을 나타내는 연결어: 앞의 내용을 이어받아 연결시키는 기능을 합니다.

'그리고', '또', '그리고 나서'와 같은 연결어들이 여기에 해당합니다. 이러한 연결어들이 나오면, 연결어 뒤에는 앞 문장과 비슷한 내용이 나올 거라는 예상을 할 수 있습니다.

• 영석이는 축구를 좋아합니다. 그리고 야구도 좋아하지요.

→ '그리고'를 보는 순간 영석이가 좋아하는 다른 운동이 나올 거라는 예측을 할 수 있습니다.

2. 첨가(보충)를 나타내는 연결어: 앞의 내용에 새로운 내용을 덧붙이거나 보충하는 역할을 합니다.

'더구나', '게다가', '그뿐 아니라'와 같은 연결어들이 여기에 해당합니다.

- 오늘은 비가 많이 왔다. 더구나 바람도 세게 불어서 우산을 쓰기도 힘들었다.
  - → '더구나'를 보는 순간, '비가 온 것만으로도 충분히 힘든 상황인데 무언가 더 부정적인 상황이 추가되겠구나,' 하고 예상할 수 있습니다.

3. 역접(대조)을 나타내는 연결어: 앞의 내용과 상반되는 내용을 이어주는 역할을 합니다.

'하지만', '그러나', '그렇지만', '그래도'와 같은 연결어들이 여기에 해당합니다. 이러한 연결어들이 나오면, 앞 내용과 다르거나 반대되는 내용이 나올 거라는 마음의 준비를 할 수 있습니다.

- 비가 많이 왔습니다. 그러나 소풍은 예정대로 진행되었어요.
  - → '그러나'를 보는 순간, '비가 왔으니까 소풍이 취소될 줄 알았는데, 다른 이야기가 나오겠구나.' 하고 뒤 문장에 집중하게 됩니다.

4. 인과(원인과 결과)를 나타내는 연결어: 앞, 뒤 문장을 원인과 결과로 이어줍니다.

'그래서', '따라서', '그러므로', '왜냐하면'과 같은 연결어들이 여기에 해당합니다. 이러한 연결어들이 나오면 연결어 앞 문장은 원인을, 뒤 문장에는 결과 혹은 이유를 설명해 줄 거라는 예측을 할 수 있습니다.

- 어젯밤에 눈이 많이 왔습니다. 그래서 오늘 아침 길이 많이 미끄럽습니다.
  → '그래서'를 보는 순간, 뒤에 결과가 따라올 거라는 논리적 연결을 파악할 수 있습니다.

연결어는 이와 같이 글에서 내비게이션과 같은 역할을 합니다. 연결어만 주의 깊게 살펴봐도 다음에 어떤 내용이 나올지 미리 예상할 수 있어서 글의 내용을 파악하기가 훨씬 수월해집니다.

쉽고 간단한
연결어 연습

연결어 연습은 아이의 관찰력과 논리적 사고력을 기르는 중요한 과정입니다. 각 단계별로 차근차근 진행하면서 아이가 자연스럽게 연결어와 가까워질 수 있도록 도와주세요.

1. 첫 번째 단계: 연결어 찾기(초등 1~2학년)

글 속에서 연결어를 발견하고 구별하는 능력을 길러주는 것이 1단계 활동의 목표입니다. 색연필이나 형광펜을 준비해 주세요.

> 지훈이는 수학 시험에서 100점을 받았습니다. 그래서 엄마가 아이스크림을 사주셨어요. 그런데 동생 지우는 80점을 받아서 조금 속상했습니다. 하지만 엄마는 "80점도 잘했다."라며 지우도 칭찬해 주셨어요.

• 진행 방법

① 아이와 함께 글을 천천히 읽어봅니다.

② "문장과 문장을 이어주는 특별한 단어를 찾아보자!"라고 말하며, 아이와 함께 연결어 찾기 놀이를 해보세요.

③ 찾은 연결어를 색연필이나 형광펜으로 표시합니다.

④ 연결어를 몇 개나 찾았는지 함께 세어보고, 찾은 연결어의 역할을 아이와 함께 알아봅니다.

2. 두 번째 단계: 연결어 채우기(초등 2~3학년)

문장 간의 관계를 파악하고 적절한 연결어를 선택할 수 있게 하는 것이 2단계 활동의 목표입니다.

※ (   ) 안에 들어갈 연결어는 무엇일까요?

1. 현우는 축구를 잘합니다. (   ) 이번에는 농구에 도전해보고 싶다고 했습니다.
2. 현우는 농구는 처음이라 걱정이 많았어요. (   ) 열심히 연습했더니 금세 실력이 늘었습니다.

• **진행 방법**

① 괄호 앞뒤의 문장을 각각 읽어봅니다.

② 앞 문장과 뒷 문장이 어떤 관계일지 추측해 봅니다.

③ 괄호 안에 어울릴 것 같은 연결어를 넣어봅니다. (여러 개를 시도해 보아도 괜찮고, 틀려도 괜찮다고 아이에게 이야기해 주세요.)

3. 세 번째 단계: 연결어 바꿔보기(초등 3~4학년)

3단계 활동의 목표는 연결어에 따라 의미가 어떻게 변화하는지 살펴보게 하는 것입니다.

어제 비가 많이 왔습니다. (   ) 운동회가 열렸습니다.

먼저, 비가 오면 운동회가 어떻게 될지 말해보게 합니다. 그 후 여러 연결어를 넣어보게 합니다. 연결어를 넣어보고 각각 어떤 느낌인지 아이와 대화를 나눠봅니다.

- 엄마: '그래서'를 넣으면 어떻게 될까?

- 아이: 비가 많이 왔는데 비 때문에 운동회가 열렸다고? 이상한데요?

- 엄마: '그런데'를 넣으면 어떻게 될까?

- 아이: 비가 왔는데 운동회를 했다는 건 말이 되는 것 같은데요?

- 엄마: '그러나'를 넣으면 어떻게 될까?

- 아이: 비가 왔지만, 그냥 운동회를 했다는 말이니까 말이 되네요.

그런 다음 가장 자연스러운 연결어를 아이가 선택해 보게 합니다. 이 활동을 통해 아이는 연결어 하나만 바뀌어도 글의 의미가 완전히 달라진다는 것을 경험하게 됩니다.

4. 네 번째 단계: 글 구조 파악하기(초등 4~6학년)

4단계 활동의 목표는 연결어로 글 전체의 흐름을 이해할 수 있도록 하는 것입니다. 아이에게 글을 읽고 형광펜이나 색연필로 연결어를 표시하게 해보세요.

> 지호는 새로운 동네로 이사 왔습니다. 새로운 동네에는 전에 살던 동네와 달리 집 앞에 공원이 있습니다. 그래서 지호는 새로 이사 온 이 동네가 참 마음에 들었습니다. 그런데 아직 친구가 없어서 외롭고 심심했습니다. 그러던 어느 날 공원에 갔다가 바로 옆집에 사는 아이를 만났습니다. 아이는 지호에게 "안녕, 나는 옆집에 사는 은서라고 해."라고 말을 걸었습니다.

> 지호는 이제 친구가 생겼구나 싶어 마음속으로 뛸 듯이 기뻤습니다. 하지만, 지호는 부끄러워서 제대로 답을 하지 못했습니다. 그 후로 며칠 동안 후회했습니다. 그래서 지호는 다음번에 은서를 만나면 용기를 내어 먼저 인사를 해야겠다고 마음먹었습니다.

그다음 연결어를 중심으로 글의 내용을 요약해 보게 하세요. 아이가 혼자 요약하기 힘들어하면 부모님이 도와주세요.

> 새로운 동네에 이사 온 지호는 친구가 없어서 외롭고 심심했다.
> 친구를 사귈 기회가 있었지만, 부끄러워 제대로 답하지 못했고 후회했다.
> 그래서 다음번에 용기를 내어 먼저 인사를 해야겠다고 마음먹었다.

4단계 연습을 통해, 연결어를 따라가면 글의 흐름이 한눈에 보인다는 것을 아이가 자연스럽게 익힐 수 있게 해주세요. 단계마다 적정 학년을 표시해 두긴 했지만, 아이의 수준에 맞게 조정해서 활용해 보시면 됩니다. 아이의 교과서나 지금 읽고 있는 책의 본문 중 한 부분을 발췌해서 연습해 보세요.

연결어는 글의 흐름을 안내해 주는 나침반과 같습니다. 아이가 연결어를 유심히 살펴보기 시작하는 그 순간, 아이는 더 이상 글 속에서 길을 잃지 않습니다.

글의 뼈대를 찾아라

지금까지 우리는 글의 내용을 잘 이해하려면 문장의 핵심 성분들을 관찰하고, 문장과 문장을 연결하는 연결어에 주목해야 한다는 것을 살펴보았습니다. 문장의 의미를 파악하는 법과 연결어를 통해 글의 흐름을 읽는 방법도 차례대로 알아보았지요. 이제는 한 걸음 더 나아가 글 전체가 어떻게 짜여 있는지, 아이들이 글의 뼈대를 살펴볼 수 있는 눈을 어떻게 길러줄 수 있는지 알아보겠습니다.

글은 살아 있는 유기체

글이라는 것은 단순히 문장들이 줄지어 있는 것이 아닙니다. '문제에서 해결로', '원인에서 결과로', '처음에서 끝으로' 이어지는 정보의 흐름과 구조를 갖춘 살아 있는 유기체이지요. 마치 우리 몸에 뼈대가 있어 전체적인 형태를 유지하듯이 글에도 글 전체를 떠받치는 뼈대가 존재합니다.

그런데 문해력이 부족한 아이는 이 흐름을 느끼지 못한 채, 글을 마치 단편적인 정보들의 나열로만 받아들이는 경향이 있습니다. 나무 한 그루 한 그루는 볼 수 있지만, 나무가 이루고 있는 숲 전체의 모습은 보지 못하는 것과 같지요.

아이가 글을 읽고 나서 내용을 물어보았을 때, 단편적인 부분만 기억하고 중심 내용을 파악하지 못하는 경우가 있습니다. 혹은 글 내용을 말하긴 하는데 순서가 뒤죽박죽이거나 중요한 부분이 빠져 있기도 하지요. 이런 경우에는 아이가 '내용'은 봤지만 '구조'를 보지 못한 상태였을 가능성이 높습니다. 이럴 때 아이에게는 '글을 보는 틀'을 만들어 주어야 합니다. 정보를 머릿속에 정리정돈하고 자기 말로 다시 설명할 수 있을 때, 아이는 글의 내용을 제대로 파악했다고 할 수 있거든요.

글의 뼈대를
파악하는 법

문장의 중심 성분을 보고, 문장 사이의 관계를 읽는 것만으로는 부족합니다. 전체 글이 어떤 방식으로 펼쳐지고, 어떤 구조로 만들어져 있는지 볼 수 있는 능력도 필요합니다. 이런 능력이 생기면 아이는 글을 읽을 때, 다음과 같은 변화를 경험하게 됩니다.

글의 첫 부분을 읽으면서 아이는 '이 글의 앞부분에서는 어떤 문제를 말하고 있구나. 이 뒷부분에서는 해결책이 나오겠네.' 하고 예상하며 읽을 수 있게 됩니다. 또 '이 부분은 구체적인 예시를 드는 부분이고, 저 부분은 글쓴이가 정말 하고 싶은 말을 담은 부분이구나.' 하고 각 부분의 역할을 파악할 수 있게 되지요.

◆ 그래픽 오거나이저로 구조화하기

아이에게 글의 내용을 물어보면 단편적인 장면은 곧잘 이야기하지만, 글이 어떤 식으로 전개되는지 전체 줄거리는 말하기 어려워하는 경우가 많습니다. 그럴 때는 글을 단순히 '줄글로 쭉~ 기억'하는 것이 아니라 '눈으로 보이게 정리해 보는 경험'이 필요해요. 이때 효과적인 도구가 바로 그래픽 오거나이저graphic organizer입니다.

그래픽 오거나이저는 글이나 정보를 시각적으로 정리해 보는 일종의 '틀'입니다. 종이에 간단히 칸이나 도형을 그려서 글의 전개 구조를 한눈에 보기 쉽게 정리하는 방식이지요. 글을 읽고 난 뒤, 처음부터 끝까지 다시 읽으며 내용을 정리하는 것이 아니라 읽은 내용을 머릿속에서 구조화해서 다시 꺼내보는 활동입니다.

쉽게 말씀드리면 이야기 글은 '처음-중간-끝'으로 나누어 정리하고, 주장하는 글은 '주장-근거'의 구조로 도식화해서 의미를 파악해 보는 거예요. 이런 과정을 거치면서 아이는 글이 어떤 구조로 만들어졌는지 보는 눈을 기를 수 있게 됩니다. 지금부터 쉽게 따라 할 수 있으며, 활용도가 높은 그래픽 오거나이저 몇 가지를 소개합니다.

1. 이야기 구조 정리(세 칸 이야기 틀)

이야기책을 다 읽은 뒤에는 '처음-중간-끝'으로 나누어 줄거리의 흐름을 정리해 보세요. 처음에는 어떤 일이 시작되었는지, 중간에는 어떤 사건이나 갈등이 있었는지, 마지막에는 어떻게 마무리되었는지 하나씩 빈칸에 간단히 적어보게 합니다.

이때 중요한 건, 아이가 이야기책에 나온 문장을 그대로 베끼는 것이 아니라 자기 말로 요약하도록 도와주는 겁니다. A4 용지나 공책에 세 칸을 그리고 적어보게 하세요(175쪽 표). 아이가 원한다면 간단한 그림을 그려도 좋습니다. 그림과 함께하면 훨씬 기억에 잘 남습니다.

예를 들어 《열두 띠 이야기》를 읽고 나서 다음과 같이 세 칸을 만들어주고 아래에 이야기를 적어보게 합니다.

처음	중간	끝
어떤 일이 시작되었는가	무슨 일이 벌어졌는가	어떻게 끝났는가
옥황상제가 하늘 문에 제일 먼저 도착하는 열두 마리 동물들에게 높은 지위를 주겠다고 함.	소가 제일 열심히 연습하는 것을 보고 쥐가 소 등 위에 몰래 올라탐.	쥐가 소 등에 타고 있다가 뛰어내려 1등을 함.

2. 인생 곡선으로 이야기 흐름 파악하기

이야기 글에서는 인생 곡선을 활용해 볼 수도 있습니다. 인생 곡선은 인물의 삶이 어떻게 변화해 왔는지 '시간의 흐름'에 따라 나타낸 그래프입니다. 이야기의 줄거리를 요약하거나 전기문을 읽고 나서 '인생 곡선'을 활용하면 아이가 인물의 전환점, 위기, 극복, 성장과 같은 요소들을 한눈에 파악할 수 있어요.

활용 방법은 다음과 같습니다. 이야기나 전기문, 인물 중심의 글을 읽은 후에 등장 인물(주인공)의 삶을 그래프로 그려보는 겁니다. 가로축은 시간의 흐름에 따라 표시하고, 세로축은 주인공의 인생에서 중요한 사건이나 변화가 일어난 지점을 중심으로 그려보게 합니다. 예를 들어 행복감이나 성공 등은 위쪽(+) 방향으로 실패, 좌절 등은 아래쪽(−) 방향으로 표시해 보게 하는 겁니다.

헬렌 켈러의 전기문을 그래프로 나타내보겠습니다.

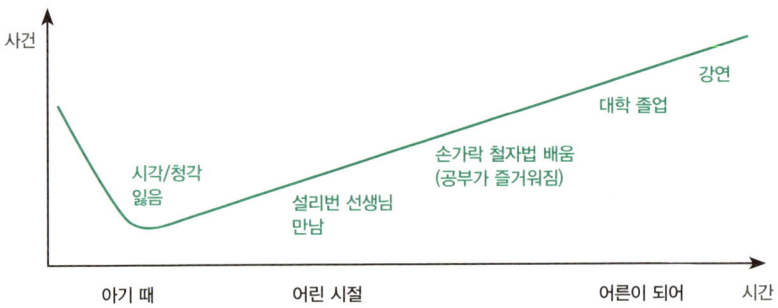

등장인물의 감정 변화에 따라 감정을 그래프로 나타내보게 할 수도 있습니다. '감정 곡선'은 이야기 속 주인공 혹은 인물이 처음에 어떤 감정이었는지, 사건이 전개되면서 어떤 마음으로 바뀌었는지를 시간 순서대로 정리해 보는 방법입니다.

글을 읽은 뒤 아이에게 "이 장면에서 ○○는 어떤 기분이었을까?", "왜 그렇게 느꼈을까?", "그다음에 무슨 일이 일어났지?", "○○의 감정은 어떻게 바뀌었어?" 등 감정에 주목하는 질문을 던지며 감정 그래프를 그려보세요.

3. 주장과 근거 찾기: 중심 생각 정리하기

주장을 담은 글이나 신문 기사의 사설과 같은 글에서는 글쓴이의 중심 생각이 무엇인지, 그것을 뒷받침하는 근거들이 어떤 식으로 나열되어 있는지 시각화해 보는 것이 내용 파악에 도움이 됩니다. 중심 생각을 도식의 중심에 두고 세부 근거들을 가지처럼 뻗어 나가게 그리면, 논리적 흐름이 잘 드러나지요.

다음의 글을 읽고 그래픽 오거나이저를 완성해 보겠습니다.

> 요즘 우리는 편리하다는 이유로 플라스틱 제품들을 많이 사용합니다. 하지만 이렇게 사용하고 버려지는 플라스틱은 여러 가지 문제를 일으킵니다. 바다에 떠다니는 플라스틱 때문에 동물들이 다치기도 합니다. 거북이와 물고기들이 플라스틱을 먹이로 착각하고 먹거나, 비닐에 몸이 감겨 숨을 쉬지 못하게 되기도 합니다.
>
> 또한 플라스틱은 땅에 묻어도 썩지 않습니다. 어떤 플라스틱은 500년이 지나도 썩지 않고 그대로 남아 있다고 합니다. 그리고 플라스틱은 재활용하기도 어렵고 처리하는 데 많은 돈이 듭니다. 많은 나라에서 플라스틱을 처리하기 위해 매년 엄청난 비용을 쓰고 있다고 합니다. 이런 문제들을 해결하기 위해서라도 우리 모두 플라스틱 사용을 줄여야 한다고 생각합니다.

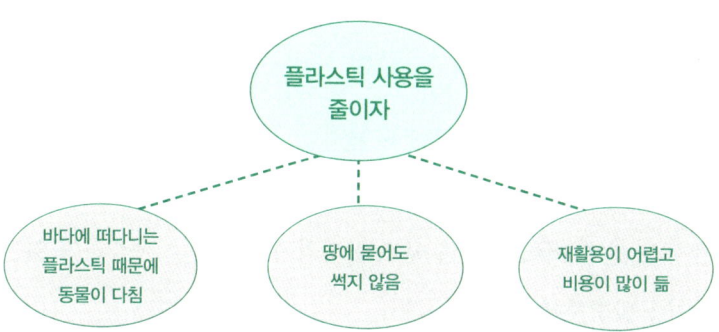

활용 방법은 다음과 같습니다. 처음에는 그래픽 오거나이저를 부모님이 직접 그려주세요. 아이가 내용 정리에만 집중할 수 있도록 이미 그려진 틀을 먼저 제공해 주는 것이 좋습니다. 혼자서 채워넣기 힘들어하면 부모님이 도와주세요.

아이가 점점 익숙해지면 글을 다 읽은 후에 "이제 너만의 방식으로 정리해 볼까?"라고 제안해 보세요. 아이가 '자기 말'로 바꾸어 적어보게 해주세요. 제시해 드린 도식들은 부모님과 아이가 자유롭게 변형해서 활용할 수 있습니다. 활동이 끝난 후에는 "정리한 내용을 엄마에게 말해줄래?"라고 물어보세요. 자신이 그린 도식을 보면서 말로 설명할 때, 아이는 글의 구조를 더 정확하게 이해할 수 있습니다.

글의 뼈대를 보는 눈은 하루아침에 생기지 않는다

글을 읽고 나서 "참 재미있었어요."라고만 말하던 아이가 글의 구조를 파악하며 전체적인 내용을 읽어낼 수 있기까지는 시간이 필요합니다. 하지만 조금씩 꾸준히 이런 활동들을 아이와 함께하다 보면 어느 순간 아이가 글의 구조를 파악하고 내용을 예측하며 읽는 모습을 발견하게 되실 겁니다.

그래픽 오거나이저는 단순한 정리도구가 아닙니다 아이에게 글의 숨겨진 구조를 파악하며 체계적으로 읽는 힘을 길러주는 든든한 도구입니다.

문장의 핵심을 찾는 연습에서 출발해 연결어로 글의 흐름을 읽어내고, 마지막으로 글 전체의 뼈대까지 파악할 수 있게 되면 아이는 어떤 글을 만나도 당황하지 않게 됩니다. 단어 하나하나에만 집중하던 아이가 조금씩 글 전체의 큰 그림을 보며 읽을 수 있게 되는 거지요. 이런 힘이 바로 '진짜' 읽기 능력입니다.

4장

손

아이의 생각은
손끝에서 나온다

쓰기는 아이의 내면 세계가 실제 형태로 구현되는 특별한 과정입니다. 듣고, 말하고, 읽으며 쌓아온 경험과 지식이 글자와 문장으로 피어나지요. 처음에는 서툴게 연필을 쥐고 글자를 그리던 아이가 점차 자신의 생각과 감정, 경험과 상상을 글로 표현하면서 나와 타인 그리고 세상과 연결되기 시작합니다. 글을 쓰는 과정에서 아이는 사고를 정리하고, 자신을 성찰하며, 타인과 깊이 소통하는 방법을 배웁니다.

글쓰기를 통해 아이는 생각과 감정을 더욱 명확하게 정리할 수 있습니다. 머릿속에 막연하게 떠돌던 생각들이 글자로 옮겨지면서 구체적인 형태를 갖추게 되고, 이 과정에서 아이는 자신을 더 깊이 이해하고 표현하는 방법을 배워가게 되지요. 이 장에서는 글쓰기를 시작하는 마음의 문을 여는 일부터 생각을 틀에 담고 구조를 갖추며, 생각에 살을 붙이고, 세상과 연결되는 글쓰기까지 아이의 생각이 자연스럽게 손끝으로 흘러나올 수 있도록 도와주고자 합니다.

쓰기는 자신의 마음과 생각을 차분히 들여다보고, 말보다 한 걸음 더 깊게 표현해 보는 과정입니다. 아이는 글을 쓰면서 기억을 정리하고, 감정을 붙잡고, 생각을 구조화하며 자기만의 방식으로 언어를 다듬어갑니다. 그리고 점차 읽는 사람을 생각하며 자신의 마음을 전하고, 타인과 깊이 소통하는 방법을 배워가게 되지요. 쓰기는 단순한 기록이 아니라 스스로의 생각을 정돈하고 글로 구성하며 세상과 연결되는 문해력을 탄탄하게 쌓아가는 과정입니다.

아래의 질문들을 통해 우리 아이의 쓰기 문해력이 어떤 모습으로 자라고 있는지 살펴보세요.

1. 글쓰기에 대한 부담 없이 자신의 이야기를 써보려고 하나요?

2. 글을 쓰기 전에 어떤 내용을 쓸지 미리 생각해 보나요?

3. 글에서 꼭 말하고 싶은 핵심 내용을 정하고 쓰나요?

4. 글의 흐름이 처음—중간–끝으로 자연스럽게 이어지도록 구성하나요?

5. 글의 내용을 더 잘 전달하기 위해 적절한 단어나 표현을 골라 쓰나요?

6. 자신의 경험이나 감정을 구체적으로 묘사하여 쓰나요?

7. 읽는 사람을 생각하며 이해하기 쉽게 표현하나요?

쓰기 과정은 1~7번까지의 항목이 서로 연결되며 아이의 글쓰기 발달을 돕는 중요한 요소입니다. 모든 항목들이 다 중요하지만, 저학년과 고학년별로 특히 더 중점적으로 관찰해야 할 항목들을 중심으로 살펴보겠습니다. 아이마다 발달 속도가 다르므로 아래 가이드는 참고용으로만 활용해 주세요.

저학년
마음의 문을 열고, 생각을 틀에 담기(1~3번 항목 중심)

저학년은 글쓰기에 대한 두려움을 없애고 자신의 이야기를 자유롭게 표현하는 즐거움을 발견하는 시기입니다. 글을 '잘' 쓰는 것보다 글쓰기 자체를 부담스러워하지 않는지, 소재를 먼저 떠올려보는지, 말하고 싶은 중심 내용을 정하는지에 중점을 두고 살펴보세요. 3학년 정도부터는 처음-중간-끝의 기본적인 글 구조도 함께 살펴볼 수 있습니다. 아직 완벽한 구조나 정교한 표현보다는 '하고 싶은 이야기를 자연스럽게 쓸 수 있는지'에 초점을 두고 살펴보는 것이 좋습니다. 일상의 경험이나 작은 감정을 글로 풀어낼 수 있도록 대화를 통해 아이의 생각과 마음을 자연스럽게 이끌어주세요.

고학년

구조를 갖추고 생각에 살을 붙여 세상과 연결하기(4~7번 항목 중심)

　고학년은 글에 '구조'를 갖추고 '구체적 표현'을 통해 읽는 사람과 소통하려는 시도가 나타납니다. 처음, 중간, 끝과 같이 글의 뼈대를 의식하며 글을 조직하는지, 적절한 단어나 표현을 골라 쓰는지, 경험이나 감정을 구체적으로 묘사하는지, 읽는 사람이 이해하기 쉽도록 명확하고 이해하게 쉽게 표현하는지에 중점을 두고 살펴보세요.

　글의 목적에 따라 이야기 구조(처음-중간-끝)와 설득하는 구조(중심 생각-뒷받침 근거) 등을 다르게 사용할 수 있는지도 확인해 봅니다. "이 글을 읽는 사람이 이해하기 쉬울까?", "더 이해하기 쉽게 설명하려면 어떻게 해야 할까?"와 같은 질문을 통해 아이가 독자를 의식하며 글을 쓸 수 있도록 도와주세요.

한 문장으로 시작하는 글쓰기

글을 쓰려고 책상에 앉으면 아이는 자꾸만 작아집니다. '뭔가 대단하고 완벽한 글을 써야 한다.'라는 부담감 때문에 시작도 하지 못한 채 아예 생각 자체를 닫아버리게 되지요. 하지만 글쓰기는 완벽한 문장에서 시작하는 것이 아닙니다. 한 문장으로도 충분합니다.

"오늘은 여름 방학에 있었던 일에 대해서 적어볼게요."

질문이 떨어지기 무섭게 솔이가 대답합니다.

"선생님, 뭘 써야 할지 모르겠어요."

쓰기 활동이 나오자마자 애꿎은 연필만 빙빙 돌리며 '모르겠다', '못 쓰겠다'를 반복하던 솔이가 떠오릅니다. 지금 머릿속에 떠오르는 걸 쓰면 된다고 말해주어도 머릿속에 아무것도 생각이 안 나고 쓰기 귀찮다며 그만 연필을 놓아버립니다. 분명 머릿속에는 떠오르는 일들이 많을 텐데도 막상 글로 쓰려고 하면 어디서부터 어떻게 써야 할지 막막하기도 하고, 글쓰기에 대한 막연한 두려움 때문에 시작도 하지 못한 채 아예 생각 자체를 닫아버리는 듯합니다.

솔이에게 길게 안 써도 되고, 완벽하게 안 써도 된다고 말해주며 여름 방학 때 가족과 어디로 여행 갔는지 물어봤습니다. 부산 바다에 갔다고 하더군요. 거기서 뭘 했는지, 뭘 봤는지 하나씩 물어보니, 엄마 아빠, 사촌과 함께 바다에서 수영했고 해파리도 봤다는 이야기가 쏟아져나왔습니다. 엄마가 해파리 만지지 말라고 했다는 이야기까지 생생하게 말이죠.

"봐, 솔이 할 말 많네. 금방 솔이가 말한 거 그대로 써봐. 한 문장만 딱 써봐."

이렇게 대화로 물꼬를 터주니 솔이의 생각이 자연스럽게 글로 이어졌습니다. 처음부터 길고 완벽하게 쓰려고 하는 부담감만 덜어주면 됩니다. 아이의 생각이 나오는 물꼬를 막고 있는 그 '부담감' 말입니다.

학교 현장에 있다 보면 솔이와 같은 아이들을 많이 만나게 됩니다. 아이들에게는 이야기할 것들이 넘쳐납니다. 솔이도 마찬가지였지요. 부산 바다 여행, 가족과 사촌들, 수영, 해파리까지…. 이렇게 많은 이야기가 머릿속에 가득 들어 있었습니다.

문제는 그 이야기들을 글로 옮기는 첫 번째 관문에서 막혀버린다는 것입니다. 말로 해보라고 하면 거침없이 술술 말하던 아이들도 막상 글로 써보라고 하면 망설입니다. 이것이 바로 많은 아이들이 겪는 글쓰기의 벽입니다.

대화에서는 자연스럽게 흘러나오던 이야기가 '글을 써야 한다.'라고 생각하는 순간 갑자기 어려워집니다. 말을 그대로 옮기기만 하면 글이 되는데 '말하기'와 '쓰기'를 다른 것으로 여기고, '쓰기'는 어려운 것이라는 심리적 장벽을 만들어버립니다. 글쓰기는 완벽한 문장으로 시작하는 것이 아닙니다. 마치 친구나 엄마와 이야기하듯 자연스럽게 한 문장부터 시작하면 됩니다.

말처럼 가볍게
시작해 볼 것

말하기도 쓰기도 아이의 머릿속에 있는 생각을 밖으로 꺼내는 일입니다. 말은 자연스럽게 하면서도 글은 어렵게 느끼는 아이들이 많습니다. '문장으로 써야 한다'라는 부담감, 맞춤법이나 글의 완성도를 걱정하기 때문이지요. 처음부터 완벽하게 쓸 수 있을 것이라는 부모님의 기대감도 은연중에 아이에게 부담으로 작용합니다. 그래서 완벽하게 못 쓸 바엔 차라리 시작하지 않겠다는 아이도 있습니다.

하지만 글쓰기의 출발점은 '완성도'에 있는 것이 아닙니다. 바로

'표현해 보고 싶은 마음'에 있습니다. 아이는 이미 충분한 이야깃거리를 마음속에 품고 있습니다. 하고 싶은 이야기가 많이 있지요. 이때 아이 마음속에 들어 있는 그 많은 이야깃거리가 밖으로 나올 수 있는 물꼬를 터트려줘야 합니다. 글쓰기의 첫 진입장벽을 낮춰줘야 하지요.

"딱 한 줄만 써볼래?"
"금방 말한 것처럼 그냥 말하듯이 쓰면 돼."
"말한 걸 그대로 써봐."
"맞춤법 신경 쓰지 말고 그냥 떠오르는 걸 써봐."
"글쓰기는 답이 없어. 쓰고 싶은 대로 쓰면 돼."

이처럼 말하듯 가볍게 시작해도 된다는 메시지를 줄 때, 아이는 마음을 열고 글쓰기에 한 발짝 더 다가서게 됩니다.

우리 어른들도 마찬가지 아닌가요? 학창시절을 떠올려보세요. 새하얀 종이 앞에서 뭘 써야 할지 막막하다가도, 머릿속에 둥둥 떠오르는 생각들 중 하나를 '잘 써야 한다'는 부담을 내려놓고 그대로 첫 문장으로 옮겨 적기만 하면 그다음부터는 의외로 술술 나오곤 했잖아요. '잘 써야 한다'는 마음만 내려놓으면 우리 안에 가득 든 표현하고 싶은 이야기를 펼쳐놓을 수 있습니다.

아이들도 마찬가지입니다. 머릿속에서 나오는 생각을 첫 문장으로 그대로 옮기기만 하면 됩니다. 일단 첫 문장이 나오면 그다음부터는 쉬워집니다. 연이어 나오는 아이의 생각을 손이 그대로 받아 적기만 하면 되니까요. 글쓰기의 시작은 언제나 '한 문장'으로 충분합니다.

아이의 말하기와
글쓰기를 돕는 부모의 역할

1. "지금 네가 말한 거, 그대로 써볼래?"라는 말의 힘

글쓰기에 대한 심리적 저항감을 줄여주려면 글 쓰는 것은 말하는 것과 다르지 않다는 것을 체험하게 해주어야 합니다. 아이와 대화를 나누다가 아이가 신이 나서 즐겁게 말하면 그 말을 글로 옮겨보게 해주세요. 아이가 하고 싶은 말이 있을 때, 글은 더 술술 나오게 됩니다. 말을 그대로 옮겨 적으면 되니까요.

예를 들어볼게요. 2장에서 '아이의 관심사'로 아이의 말문을 열어보라고 했던 내용 기억나시지요? 여기에서도 마찬가지입니다. '아이의 관심사'로 대화를 시작하는 겁니다.

- 엄마: "오늘 야구 경기하는 거 같던데?"
- 아이: "맞아요! 엄마, 삼성이 이겼어요!"
- 엄마: "오, 그래?"

• 아이: "요즘 한화가 정말 잘하거든요. 계속 이기고 있었어요. 그런데 삼성이 이번에 한화를 이겼어요. 투수도 잘 던졌고, 9회 말에 홈런을 쳤거든요."

아이는 '하고 싶은 말'이 있으면 이렇게 신나게 말을 이어갑니다. 그럴 때 "지금 네가 말한 거, 그대로 써볼래?" 하고 말해보세요.

아이는 아마 이렇게 쓰겠지요?

'요즘 한화가 정말 잘해서 계속 이기고 있었는데 삼성이 이번에 한화를 이겼습니다. 투수도 잘 던졌고, 9회 말에 홈런을 쳤거든요.'

단, 아이가 자신이 말한 것을 글로 옮길 때는 글씨나 맞춤법은 절대 지적하지 마세요. 오로지 내용에 집중해 주세요. 아이가 한 문장만 쓰더라도 크게 칭찬해 주세요.

무엇보다 아이가 이야기할 때는 대화에 집중해 주세요. '글로 이어지게 해야지' 하는 생각에 아이가 하는 말에 집중하지 않으면 아이도 알아챕니다. 먼저 아이와의 대화를 충분히 즐기고, 그 과정에서 자연스럽게 글쓰기로 연결해 주세요.

아이가 혹시 "쓰기 싫어요."라고 거부하면 절대 강요하지 마세요. 아이의 의사를 존중해 주고, 대화 자체를 즐겁게 마무리하세요. 글쓰기가 부담이 되면 대화조차 위축될 수 있습니다.

결국 대화 내용도 글쓰기로 이어질 수 있다는 것, 글도 말하듯이 쓰면 된다는 것, 글을 쓰는 것도 즐거울 수 있다는 것을 경험하고 나면 아이는 글쓰기를 겁내지 않게 됩니다.

2. '글쓰기 질문 카드' 활용하기

"오늘 가장 재미있었던 일은?"

"만약에 내가 엄마가 된다면?"

"만약에 내가 하늘을 날 수 있다면?"

"만약에 내가 우리집 강아지로 변한다면?"

"오늘 내가 가장 속상했던 일은?"

"오늘 내가 가장 고마웠던 일은?"

'만약에~'로 시작하는 질문이나 오늘 나의 기분이나 경험과 관련된 질문들을 생각날 때마다 포스트잇이나 작은 종이에 하나씩 적어 안이 불투명한 상자에 넣어두세요. 그리고 글쓰기 전에 한 장씩 뽑아서 말로 대답하게 해보세요. 먼저 말하기로 아이의 마음과 생각을 연 다음, 아이의 말을 다시 글로 받아쓰게 해봅니다.

처음에는 아이의 말을 그대로 부모님이 글로 받아서 주세요. 내가 한 말이 글이 될 수 있다는 것을 아이가 보고 배울 수 있도록요. 다음번부터는 아이가 자신이 말한 것을 글로 적어보게 해주세요. 글쓰기가 부담되지 않도록 아이가 한 문장만 적더라도 칭찬해 주세요. 하고 싶은 말이 점점 많아지면 엄마가 더 쓰라고 말하지 않아도 아이는 신이 나서 스스로 쭉쭉 써 내려갈 거예요.

딱 한 줄 쓰기부터 시작해 보세요. 아이에게 글쓰기를 '잘 써야 하는 것'이 아니라, 머릿속에 있는 생각을 밖으로 꺼내는 과정이라는 것을 느끼게 해주세요. 말로 표현한 것을 글로 옮겨보는 경험을 통해서 아이는 조금씩 자신만의 표현 방식을 찾으며 글쓰기와 점점 가까워질 수 있습니다. 단숨에 완성하려고 하지 마세요. 그저 한 문장부터 쓰기 시작하면 아이의 생각은 손끝을 타고 자연스럽게 흘러나오기 시작합니다. 그 한 문장을 아이와 같이 시작해 보세요.

생각을 정리하는 틀이 있으면
글은 쉬워진다

현장체험학습을 다녀온 다음 날, 교실은 언제나 아이들의 이야기로 넘쳐납니다. 아이들은 재미있었던 순간들을 떠올리며 이야기하고 싶어 하지요. 그런데 막상 그 많은 경험을 글로 옮겨보자고 하면 아이들은 어디서부터 어떻게 정리해야 할지 몰라 막막해합니다.

"얘들아, 어제 한국민속촌에서 재미있었지?"

"네~!"

제 질문에 아이들은 신이 나서 대답합니다.

"네, 선생님. 민속촌에서 탈춤놀이도 하고 정말 재미있었어요."

민준이가 신이 난 얼굴로 말했습니다.

"선생님. 곤장 체험도 재미있었고, 옛날 옷을 입어본 것도 재미있었어요. 옛날에 오줌 싸면 머리 위에 얹는 그 바구니 같은 것도 직접 써보니 정말 재미있었어요."

"뗏목 탄 것도 재미있었어요."

"아, 맞다! 레크레이션도 재미있었어요!"

"맞아, 맞아! 어느 반이 공 빨리 전달하나 겨뤘잖아요? 그것도 정말 재미있었어요."

민준이의 대답이 끝나자 교실 여기저기서 아이들이 즐거웠던 일을 신나게 이야기하기 시작했습니다

"그래, 그럼 우리 어제 현장체험학습 다녀온 이야기를 글로 한번 써볼까?"

"네~, 선생님!"

그런데 막상 쓰려고 하니 아이들의 연필이 자꾸만 멈춥니다.

"선생님, 쓸 게 너무 많아서 뭐부터 써야 할지 모르겠어요."

"선생님, 떠오르는 건 많은데 뭘 써야 할지 모르겠어요."

머릿속에는 이야기들이 넘쳐나지만 막상 글로 옮기려니 무엇을, 어떻게 써야 할지 막막한 겁니다. 바로 이럴 때 필요한 것은 아이들에게 머릿속에 떠오르는 생각들을 '어떻게' 정리할지, '생각을 정리하는 방법'을 알려주는 것입니다.

효과가 확실한 생각 정리 틀 두 가지

이런 상황은 아이의 글쓰기가 한 단계 성장하고 있다는 신호입니

다. 쓸 이야기가 없어서 막막한 것이 아니라, 표현하고 싶은 경험과 감정이 너무 많아서 선택의 어려움을 겪고 있는 것이니까요. 어질러진 방에서 필요한 물건을 찾기 어려운 것처럼, 정리되지 않은 생각들은 글로 옮기기가 어렵습니다. 이때 필요한 것이 바로 '생각을 정리하는 틀'이지요.

다음의 두 가지 방법은 아이의 생각을 눈앞에 펼쳐주고, 그 생각이 글로 이어지게 도와주는 도구들입니다. 지금부터 하나씩 살펴보겠습니다.

1. '육하원칙 질문'으로 생각 펼치기

생각을 정리하는 가장 기본적인 방법은 육하원칙입니다. '누가', '언제', '어디서', '무엇을', '어떻게', '왜'. 이 여섯 가지 질문을 중심으로 이야기의 큰 틀을 잡을 수 있게 도와주세요. 육하원칙이라고 해서 여섯 가지를 반드시 다 써야 하는 것은 아닙니다. 처음에는 '누가, 무엇을, 어떻게' 이 세 가지를 중심으로 틀을 잡아보게 하세요.

앞서 등장한 민준이의 경우를 예로 들어볼게요.

• 교사: "민준아, 어제 현장체험학습 간 이야기를 육하원칙에 맞춰서 떠올려볼까? '언제', '어디서'는 이미 우리가 다 알고 있는 내용이네?"

• 아이: "네, 어제 한국민속촌에서요."

• 교사: "누구랑 갔더라?"

- 아이: "우리 반 친구들과 선생님이요."

- 교사: "무엇을 했지?'

- 아이: "음, 활동을 많이 했어요. 곤장 체험을 했고요. 탈춤도 봤고요. 도시
    락도 먹었어요. 그리고 옛날 옷도 입어봤어요."

- 교사: "어떻게 했는지 차례차례 살펴볼까? 곤장놀이는 어떻게 했어?"

- 아이: "아, 곤장 체험은 신나게 했는데요. 좀 아팠어요."

- 교사: "그럼 탈춤은?"

- 아이: "아, 탈춤은 구경했는데 재미있었어요."

- 교사: "도시락은 어땠어?"

- 아이: "아, 도시락은 친구들이랑 먹었는데 맛있었어요."

- 교사: "그럼 옛날 옷은?"

- 아이: "옷이 커서 해설사 선생님이 입혀줬어요. 입으니까 좀 더웠어요."

- 교사: "그런데 민준아, 우리 한국민속촌엔 왜 갔었지?"

- 아이: "현장체험학습 하러요. 교과서에 옛날 생활이 나오니까 직접 경험
    해 보러 갔어요."

이렇게 아이들에게 육하원칙에 맞춰서 물어보면서 아이들이 말한 내용을 칠판에 정리해 주었습니다. 아이들이 말한 것을 '육하원칙'이라는 틀에 맞춰서 구조화해 보여주면, 글에 어떤 내용이 들어가는지 훨씬 쉽게 이해할 수 있습니다.

누가 : 나, 선생님, 반 친구들

언제 : 어제

어디서 : 한국민속촌

무엇을 : 곤장 체험을 했다　어떻게　신나게 / 좀 아팠다

　　　　탈춤을 봤다　　　어떻게　즐겁게

　　　　도시락을 먹었다　어떻게　맛있게

　　　　옛날 옷을 입었다　어떻게　옷이 커서 해설사 선생님이 입혀줬다

왜: 현장학습체험 하러. 옛날 생활 직접 경험해 보려고.

- 교사: "그럼, 지금 민준이가 말한 내용을 이제 글로 적어볼까? '무엇을'에
는 내용이 많으니까, 그중에 인상 깊었던 것 하나만 적어도 괜찮고,
여러 개를 적어도 좋아. 또 생각이 나면 덧붙여도 돼. 선생님이 민
준이가 말한 걸로 글을 한번 써볼게."

나는 어제 선생님과 반 친구들이랑 한국민속촌에 갔다. 한국민속촌에는
교과서에서 봤던 옛날 생활을 직접 경험해 보려고 갔다. 거기서 곤장 체
험을 신나게 했는데 엉덩이가 좀 아팠다. 탈춤 공연도 봤는데 정말 즐거웠
다. 도시락을 먹었는데….

문장을 적다 보면 아이들은 신이 나서 자신도 모르게 이야기를
덧붙입니다.

- 아이: "선생님~ 도시락은 엄마가 동물 모양 밥을 만들어주셨는데 귀엽

고 맛있었어요."

- 교사: "그래? 그러면 그것도 함께 써보자."

> 나는 어제 선생님과 반 친구들이랑 한국민속촌에 갔다. 한국민속촌에는 교과서에서 봤던 옛날 생활을 직접 경험해 보려고 갔다. 거기서 곤장 체험을 신나게 했는데 엉덩이가 좀 아팠다. 그리고 탈춤 공연도 봤는데 정말 즐거웠다. **도시락은 엄마가 동물 모양 밥을 만들어주셨는데 귀엽고 맛있었다. 거기서 옛날 옷도 입어봤는데 옛날 옷은 너무 커서 해설사 선생님이 입혀주셨다.**

- 교사: "민준아, 마지막으로 기분은 어땠어?"
- 아이: "처음엔 너무 더워서 짜증이 났는데 재미있는 활동을 많이 해서 정말 기분이 좋았어요."
- 교사: "그래. 그러면 그 내용도 마지막에 써보자."

> 나는 어제 선생님과 반 친구들이랑 한국민속촌에 갔다. 한국민속촌에는 교과서에서 봤던 옛날 생활을 직접 경험해 보려고 갔다. 거기서 곤장 체험을 신나게 했는데 엉덩이가 좀 아팠다. 그리고 탈춤 공연도 봤는데 정말 즐거웠다. 도시락은 엄마가 동물 모양 밥을 만들어주셨는데 귀엽고 맛있었다. 거기서 옛날 옷도 입어봤는데 옛날 옷은 너무 커서 해설사 선생님이 입혀주셨다. **날씨가 너무 더워서 처음에는 짜증이 났지만, 재미있는 활동을 많이 해서 정말 기분이 좋았다.**

　이렇게 아이가 신이 나서 덧붙이는 말도 추가해서 써줍니다. 글의 마지막에는 아이의 기분도 물어봐주세요. 가정에서도 이렇게 아이와 함께 대화하며 글을 적어보면, 아이는 육하원칙에 따라 정리한 내용을 완성된 글로 어떻게 옮겨 쓰는지 보고 배울 수 있습니다. 부모가 아이의 말을 글로 옮겨 쓰는 과정에서 연결어를 사용하는 모습을 보여주면, 아이는 연결어를 어떻게 사용하는지도 자연스럽게 배울 수 있습니다.

2. '마인드맵'으로 생각 펼치기

마인드맵은 아이의 머릿속에서 떠오른 생각들을 한눈에 살펴볼 수 있도록 정리해 주는 일종의 시각화도구입니다. "할 말은 많은데 뭐부터 써야 할지 모르겠어요."라고 할 때, 중심 주제에서 시작해서 떠오르는 모든 것들을 자유롭게 적어보게 하는 방법이에요. 머릿속에서만 맴돌던 생각들을 종이 위에 펼쳐놓으면 무엇을, 어떻게 써야 할지 명확하게 알 수 있지요.

종이 한가운데에 주제를 쓰고, 거기서부터 거미줄처럼 관련된 생각들을 뻗어 나가게 해주세요. 앞서 예로 든 한국민속촌에 간 이야기를 다시 활용해 볼게요.

"어제 한국민속촌 다녀온 일을 떠올려볼까? 떠오르는 거 아무거나 말해줄래?"하고 칠판 가운데에 동그라미를 하나 그리고, '한국민속촌'이라고 적어넣습니다. 그런 다음 아이들이 말하는 내용을 칠판에 받아적습니다. 가정에서는 빈 종이(A4 사이즈 이상)를 사용하시면 됩니다.

아이들은 "선생님, 탈춤놀이요!", "곤장 체험이요!", "뗏목 타기요!", "레크레이션이요!", "그 전날은 비가 왔는데 그날은 날씨가 좋았어요!"라며 자유롭게 말하기 시작합니다.

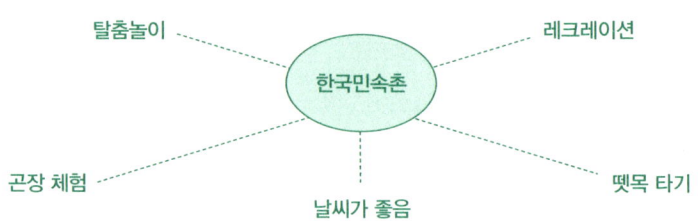

이제 다섯 가지 항목들과 관련하여 떠오른 것들을 말해보게 합니다.

- 교사: "그럼 차례차례 말해보자. 곤장 체험이랑 관련해서 떠오르는 게 뭐가 있지?"
- 아이: "십자가 모양 나무판에 누웠어요. 그런데 곤장이 그렇게 아플 거라고는 생각을 못했어요."
- 교사: "날씨는?"
- 아이: "아, 전날 비가 와서 걱정했는데 당일에는 좋았어요. 긴팔을 입을까 했다가 반팔을 입고 갔는데 괜찮았어요."
- 교사: "그럼 탈춤놀이로 넘어가 보자. 탈춤놀이는 어땠어?"
- 아이: "거기 아저씨들 춤을 엄청 진짜 잘 췄어요. 옆돌기도 했어요. 그리

고 탈이 엄청 웃겼어요."

- 교사: "레크레이션은 뭐가 기억나?"
- 아이 "우리 반 친구들이랑 공 빨리 굴리기 게임을 했는데요. 공이 커서 엄청 힘들었는데 결국 우리 반이 이겼어요"
- 교사: "뗏목 타기는?"
- 아이: "뗏목 타기는 처음에 탈 때 엄청 흔들려서 무서웠어요. 우리 반 친구들 다 타도 자리가 남을 정도로 매우 컸어요."

이런 식으로 아이가 말한 것을 덧붙여가며 마인드맵에 적어줍니다. 좀 더 추가했으면 하는 내용이 있으면 아이에게 질문하면서 덧붙여가셔도 괜찮습니다. 질문할 때는 앞에서 알려드린 '육하원칙(누가, 언제, 어디서, 무엇을, 어떻게, 왜)'과 관련된 질문을 활용하시면 도움이 됩니다.

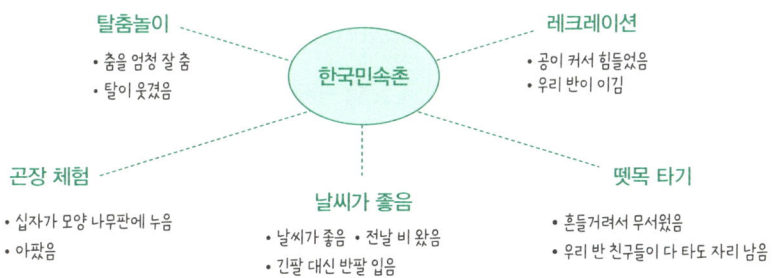

그런 다음 마인드맵에 적은 내용을 바탕으로 문장을 적어보게 합니다. '육하원칙 질문으로 생각 펼치기'에서 말씀드린 것과 마찬가지로 처음에는 부모님이 적어주시고, 점차 익숙해지면 아이가 스스로 해볼 수 있도록 주도권을 넘겨주세요.

> 어제 나는 한국민속촌에 갔다. 친구들과 뗏목을 탔는데 우리 반 친구들이 다 탔는데도 자리가 남았다. 뗏목이 처음에 흔들려서 무서웠는데 나중엔 재미있었다. 뗏목을 타고 나서는 다른 반들과 같이 레크레이션을 했다. 그 중에서 공 빨리 굴리기 게임이 제일 재미있었다. 공이 커서 힘들었지만, 우리 반이 이겨서 기분이 좋았다.

내용이 너무 많아서 아이가 부담스러워하면 마인드맵에 적은 내용 중 특히 기억에 남는 부분만 골라서 적도록 해주세요.

생각을 정리하는 방법은 육하원칙, 마인드맵 외에도 '궁금한 점 질문으로 만들기', '감각별로 정리하기', '떠오르는 것 모두 다 적기(브레인스토밍)' 등 다양한 방식이 있습니다. 하지만 초등학생에게는 앞서 말씀드린 이 두 가지 방법이 가장 활용도가 높고 이해하기 쉽습니다. 너무 많은 방법을 한꺼번에 알려주면 오히려 아이들이 혼란스러워하거나 글쓰기의 재미를 잃는 역효과가 날 수 있거든요.

아이에게 글은 마음대로 써도 된다는 자유를 주되, '어떻게 시작하면 좋을지'에 대한 최소한의 틀은 필요합니다. 이때 육하원칙이나 마인드맵과 같은 '생각을 담는 틀'은 아이의 글을 제한하거나 가두기 위한 것이 아닙니다. 오히려 아이가 막막하지 않게 글을 시작하도록 돕는 든든한 발판이 됩니다.

머릿속에 있던 생각들이 자연스럽게 흘러나오고, 육하원칙이나 마인드맵과 같은 생각 정리 틀을 따라 차근차근 정리되면서 아이의 생각은 글의 형태를 갖추기 시작합니다. 부담 없이 생각을 꺼내고, 그 생각들을 조심스럽게 글에 담아내는 연습부터 시작해 보세요. 아이의 생각이 흐름을 타면 글도 자연스럽게 길을 찾게 됩니다.

글쓰기,
구조를 알아야 한다

글쓰기를 시작할 때는 자유롭게 생각을 펼치되 생각의 방향을 정리해 주는 틀이 필요하다는 것을 살펴보았습니다. 이제 그 정리된 생각들을 '구조' 안에 담아내는 일이 필요합니다. 내용이 아무리 좋아도 뒤죽박죽 엉켜 있다면 읽는 사람이 내용을 제대로 이해하기 어렵기 때문이지요.

많은 아이들의 글을 보면 아이가 이야기하고자 하는 내용들이 다 들어 있는데도 문장이 섞여 있어서 글의 흐름이 잘 드러나지 않는 경우가 있습니다. 아이 스스로도 자신의 글을 다시 읽어보며 뭔가 어색하다고 느끼지만 정확히 무엇 때문인지 찾지 못하기도 합니다. 바로 이럴 때 필요한 것이 '글의 구조'입니다.

집을 지을 때 뼈대가 필요하듯 글을 쓸 때도 뼈대가 필요합니다.

탄탄한 뼈대가 있어야 독자가 쉽게 글을 이해할 수 있지요. 기본 구조만 알고 있어도 아이는 훨씬 명확하고 짜임새 있게 글을 구성할 수 있습니다.

읽기에서 쓰기로의
자연스러운 연결

3장에서 우리는 글을 읽을 때 연결어를 따라 흐름을 파악하고, 이야기의 구조에 따라 중심 내용을 정리하며, 글의 전체적인 내용을 파악하는 방법을 배웠습니다. 이야기 글은 '처음-중간-끝'의 내용을 정리해 보기도 했고, 주장이 담긴 글은 중심 내용과 근거를 나누어 그래픽 오거나이저로 정리해 보았지요. 이렇게 글의 구조를 눈으로 익히고 머릿속으로 정리해 본 경험은 이제 글을 쓸 때 자연스럽게 그 힘을 발휘할 수 있습니다.

예를 들어볼게요. 이야기책을 읽으면서 '처음-중간-끝'의 구조를 생각하며 시간의 흐름에 따라 글의 내용을 정리해 본 경험이 있다면, 이제 그 구조를 자신이 쓸 글에도 적용해 볼 수 있습니다. 글 속에 쓰인 연결어들을 중심으로 글을 요약해 본 경험을 바탕으로, 자신의 글에서도 '연결어'를 사용해서 흐름이 자연스럽게 글을 쓸 수 있습니다.

읽기를 통해 자연스럽게 습득한 '글의 구조'를 이해한 아이는 '흐

207

름'을 생각하며 글을 구성할 수 있습니다.

구조별 글쓰기의
네 가지 방법

3장에서 글을 읽으며 내용을 정리할 때 활용한 그래픽 오거나이저는 아이가 자신의 생각을 정리하고 글로 표현할 때도 유용합니다. 아래의 네 가지 방법으로 아이와 함께 글쓰기 연습을 해보세요.

● 시간 흐름 구조를 활용한 글쓰기 지도

이야기책을 읽으며 시간의 흐름에 따라 '처음-중간-끝'의 세 칸 틀로 내용을 정리했던 방법을 글쓰기에서도 활용해 보는 겁니다. A4 용지를 세 칸으로 나누고, '처음-중간-끝'의 구조로 주요 사건을 적어봅니다.

아이와 함께 주말에 대관령 양떼목장에 다녀왔다고 상상해 보세요. 그 경험을 시간의 순서에 따라 글로 써보게 합니다. 아이에게 무엇을 봤고, 무엇이 인상 깊었는지 대화를 주고받으며, 오전 - 점심-오후 등 시간의 순서에 따라 적어보게 하는 것이죠. 필요하다면 네 칸으로 늘려도 괜찮습니다. 자, 그럼 앞서 다룬 내용들을 떠올리면서 차근차근 연습해 볼까요?

1. 아이와 대화하기

- 부모: "이야기 정리할 때 시간별로 세 칸으로 정리했던 거 기억나?"

- 부모: "우리 양떼목장 다녀온 이야기를 시간순으로 한번 나눠볼까?"

- 아이: "엄마, 우리 오전, 점심, 오후로 나눠요."

- 부모: "그래, 그럼 세 칸으로 나눠보자."

2. 칸 나누고 내용 채우기

아이와 함께 종이를 세 칸으로 나누고, '오전', '점심', '오후'라고 씁니다. 그런 다음 아이와 이야기를 주고받으면서 각 칸을 채워 넣습니다. 각 칸을 채워 넣을 때는 '누가, 언제, 어디서, 무엇을, 어떻게, 왜'와 같은 육하원칙을 염두에 두고 아이의 반응을 보며 자연스럽게 질문해 주세요. 이렇게 하면 아이가 더 구체적이고 생생하게 자신의 경험을 떠올릴 수 있습니다.

칸을 채워 넣을 때는 부모님도 아이도 부담 갖지 말고 자유롭게 채워 넣어주세요. 시간별로 각 칸을 채워 넣을 때도 앞서 다룬 '마인드맵 활동'처럼, 아이가 떠오르는 생각을 자유롭게 적어볼 수 있도록 질문으로 이끌어 주세요.

3. 구체적인 대화의 예시 살펴보기

- 부모: "자, 그럼 오전에 했던 일을 떠올려볼까? 아침에 언제 일어났어?"

- 아이: "엄마, 나 신이 나서 일찍 일어났어요. 양떼목장에 갈 생각을 하니

눈이 저절로 떠지더라고요."

- 부모: "맞네. 엄마도 수연이랑 같이 양떼목장 갈 걸 생각하니 막 설레더라고. 엄마도 일찍 일어났지."

- 부모: "그리고 또?"

- 아이: "휴게소에 들렀어요."

- 부모: "우리 휴게소엔 왜 들렀지?"

- 아이: "차에 기름이 없어서 기름 넣었잖아요."

- 부모: "아, 맞다!"

- 아이: "거기서 소떡소떡도 사 먹었잖아요."

- 부모: "맞네! 소떡소떡 맛있었어?"

- 아이: "맛있었는데 양이 적어 아쉬웠어요."

처음에는 아이 혼자 칸을 채우게 하기보다 아이가 말한 내용을 부모님이 먼저 받아 적어주세요. 익숙해지면 아이가 스스로 칸을 채워 넣을 수 있도록 조금씩 맡겨보세요.

4. 칸 채우기(초기 단계)

오전	점심	오후
• 일찍 일어남. • 설렜음. • 휴게소에 들렀음. • 기름이 없어서 기름을 넣음. • 소떡소떡도 사 먹음. • 양이 적어 아쉬웠음.	• 대관령 근처 휴게소에 감. • 돈가스를 사 먹음. • 아빠 국수와 바꿔 먹었음. • 국수가 더 맛있어 보여서.	• 양떼목장에서 양에게 풀을 줌. • 무서웠음. • 내 손을 먹을까 봐. • 양털 쇼가 신기했음. • 양이 추울 것 같았음. • 털을 다 깎아서.

    세 칸에 채워 넣는 내용은 아이의 학년이나 글쓰기 수준에 따라 조금씩 차이가 있을 수 있습니다. 중요한 것은 아이와 이야기를 나누며 칸을 채워보는 경험 그 자체에 있으니 많이 채워 넣지 않아도 괜찮습니다. 아이가 부모님과 이야기 나누며 열심히 글을 적어보려 하는 태도 자체를 칭찬해 주세요.

5. 칸 채우기(발전 단계)

오전	점심	오후
• 아침에 대관령 양떼목장에 가기 위해서 일찍 일어남. • 중간에 기름이 없어서 휴게소에 들러 기름을 넣음. • 휴게소에서 소떡소떡을 사 먹었는데 양이 적어 아쉬웠음.	• 대관령 근처 휴게소에 들러 돈가스를 사 먹었음. • 아빠가 주문한 국수가 더 맛있어 보여서 바꿔 먹었음. • 주차장에서 만난 비둘기가 핫도그를 먹는데 계속 따라왔음.	• 양떼목장에 도착. • 양에게 풀을 나눠 줬음. • 내 손도 먹을까 봐 겁이 났음. • 양털쇼가 신기했음. • 양털을 다 깎고 나니 양이 추울 것 같았음.

칸을 다 채웠다면 이제 글로 옮겨볼 차례입니다. 3장에서 익힌 연결어를 떠올리며 자연스럽게 연결어도 써보게 해주세요. 처음 시작할 때는 아이가 힘들어할 수 있으니 아이와 함께 글을 써보세요.

주말 아침에 대관령 양떼목장에 가기 위해서 일찍 일어났다. 갈 생각을 하니 신이 나서 눈이 저절로 떠졌다. 차를 타고 가는데 중간에 기름이 없어서 휴게소에 들러 기름을 넣었다. 휴게소에서 소떡소떡을 사 먹었는데 양이 적어서 아쉬웠다.
점심시간에는 대관령 근처 휴게소에 들러 돈가스를 사 먹었다. 그런데 아빠가 주문한 국수가 더 맛있어 보여서 바꿔 먹었다. 주차장에서 만난 비둘기가 핫도그 먹는 걸 보고 계속 따라와서 당황했다. 오후에 양떼목장에 도착했다. 양에게 풀을 나눠줬다. 그런데 내 손도 먹을까 봐 겁이 났다. 그다음에 양털 쇼를 보았는데 참 신기했다. 양털을 다 깎고 나니 양이 추울 것 같았다.
엄마, 아빠랑 같이 양떼목장에 다녀오니 정말 재미있었다. 다음에 또 가고 싶다.

마지막에는 아이의 느낌이나 생각도 물어보며 글을 마무리해 주세요. 예시에는 아이가 말한 내용을 모두 적었지만, 세 칸 안에 빼곡하게 아이의 말을 받아적었더라도 모든 내용을 다 글로 옮길 필요는 없습니다. 쓸 내용이 너무 많아져서 아이가 부담스러워하지 않게 부모님이 적절하게 분량을 조절해 주세요.

이렇게 시간 흐름에 따라 정리하는 구조를 익히면 아이는 자신의 경험을 체계적으로 정리하여 글로 표현할 수 있습니다.

● 주장과 근거: 중심 생각 도식

이번에는 '주장하는 글'의 구조를 익혀 직접 써보는 연습을 해보 겠습니다. 앞서 3장에서 배웠던 '중심 생각과 근거를 나누어 정리 하기 방법'을 글쓰기에도 적용해 봅시다.

1. 그래픽 오거나이저 만들기

먼저 종이 위쪽에 중심 생각이 들어갈 원 하나를 크게 그려줍니 다. 그 아래쪽에 근거가 들어갈 원 세 개를 나란히 그려주세요. 그 리고 맨 위에 있는 큰 원에 중심 생각을 적어봅니다.

'운동을 꼭 하자.'라는 주제로 글을 쓴다고 가정해 볼게요. 위쪽 큰 원 안에 '운동을 꼭 하자.'라고 먼저 써넣습니다.

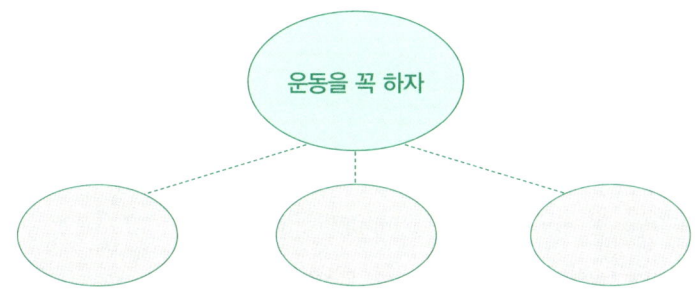

2. 아이와 대화하며 근거 찾기

이제 아이에게 질문하며 대화를 이어가 보세요.

• 부모: "왜 운동을 꼭 해야 할까? 우리 이유 세 가지를 한번 찾아보자."

- 아이: "음… 엄마. 운동을 하면 몸이 건강해져요."

- 부모: "몸이 어떻게 건강해지는데? 운동을 하면 얼마나 몸이 건강해져?"

- 아이: "운동을 하면 감기에 잘 안 걸려요. 면역력이 좋아지거든요."

- 부모: "그럼 두 번째 이유를 생각해 볼까?"

- 아이: "음…, 운동을 하면 기분이 좋아져요. 특히 기분이 안 좋을 때 운동을 하면 기분이 다시 좋아져요."

- 부모: "맞네! 엄마도 기분이 안 좋거나 스트레스받을 때 뛰고 오면 기분이 좋아지더라."

- 아이: "맞아요, 엄마. 나도 지난번에 민석이랑 싸워서 기분이 안 좋았는데, 축구하고 오니까 기분이 좋아지더라고요."

아이가 말한 것을 동그라미 안에 채워 넣으며 다른 이유들도 같은 방법으로 물어봅니다.

- 부모: "또 하나, 뭐가 있을까?"

- 아이: "음…. 또 뭐 있지…, 맞다! 입맛도 좋아져요."

- 부모: "하하! 맞네. 운동하고 나면 음식이 맛있지?"

- 아이: "네, 에너지를 많이 써서 음식도 잘 들어가고 괜시리 더 맛있어요."

- 부모: "그럼 키도 쑥쑥 크겠네?"

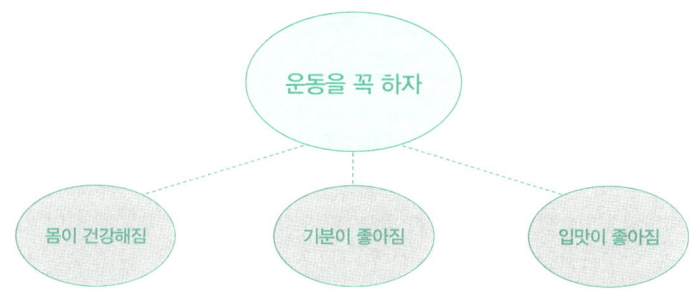

아이가 말한 내용을 적어넣으며 동그라미 안을 완성해 봅니다. 내용을 덧붙이고 싶으면 동그라미 아래에 더 그려 넣거나 내용을 더 써넣어도 됩니다. 그래픽 오거나이저는 글의 구조를 설계하기 위한 보조 도구이니 자유롭게 덧붙여 활용하셔도 괜찮습니다.

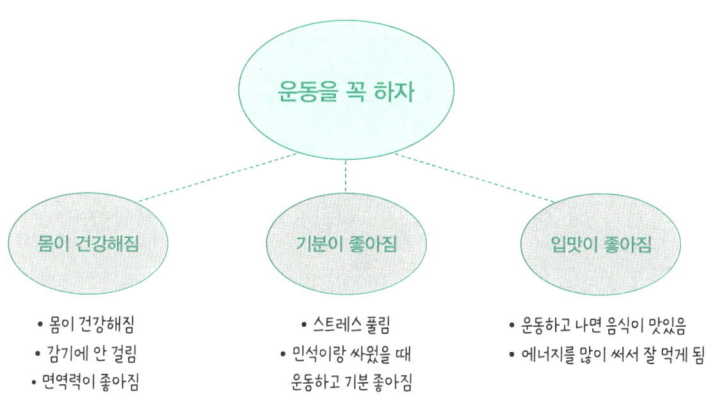

3. 글로 써보기

이제 도식 안에 정리한 내용을 보며 글로 써 내려가 봅니다. 이때 첫째, 둘째, 셋째와 같은 표현을 쓰면서 써봅니다.

> 저는 운동을 꼭 해야 한다고 생각합니다.
> 첫째, 몸이 건강해지기 때문입니다. 운동을 하면 감기에 안 걸리고 면역력이 좋아집니다. 둘째, 운동을 하면 기분이 좋아집니다. 운동을 하면 스트레스가 풀립니다. 친구와 싸우고 나서 기분이 안 좋았을 때, 운동을 다녀오니 기분이 다시 좋아졌던 경험이 있습니다. 셋째, 입맛이 좋아집니다. 운동을 하고 나면 음식이 맛있습니다. 에너지를 많이 써서 잘 먹게 됩니다. 편식하는 아이에게 특히 운동이 좋을 것 같습니다.

마지막에 "따라서 이렇게 좋은 운동을 우리 모두 같이 했으면 좋겠습니다."와 같이 자신의 주장을 다시 한번 반복하여 적어보게 해도 좋고, 이대로 마무리를 해도 괜찮습니다.

아이가 혼자 쓰기 어려워한다면 처음에는 부모님이 옆에서 도와주세요. 대화를 통해 아이의 생각을 끌어내고, 그 내용을 정리해 주는 것부터 시작하면 됩니다.

아이의 글이 완벽하지 않아도 괜찮습니다. 조금 어색한 부분이 있더라도 아이가 스스로 해낸 노력을 칭찬해 주세요. 꾸준히 연습하다 보면 아이의 글이 조금씩 나아지는 모습을 보게 될 것입니다.

관찰한 것을 생생하게
표현하는 습관

> 오늘 체육 시간에 축구를 했다. 민수가 골을 넣었고, 우리 팀이 이겼다. 기분이 참 좋았다.

이 글, 혹시 몇 학년 아이가 쓴 것 같으세요? 방금까지만 해도 눈을 반짝이며 손짓, 발짓을 섞어가며 신나게 떠들던 4학년 아이가 쓴 글입니다. 기분이 참 좋았다니, 정말 밋밋하기 그지없지요?

"엄마, 엄마! 오늘 체육시간에 정말 장난 아니었어요. 민수가 축구공을 찼는데요. 그 축구공이 글쎄요!"

아이가 숨을 헐떡이며 현관문을 열고 들어와서는 신나게 이야기하기 시작합니다. 눈을 반짝이며 흥분이 가라앉지 않은 채, 아이는 지금도 운동장에서 축구 경기를 하고 있는 것처럼 열심히 설명합니다. 그런데 '오늘 있었던 일'을 일기로 써보라고 하면 어떻게 될까요? 생동감은 온데간데없이 사라지고, 위의 문장처럼 참으로 밋밋한 글이 되어버립니다. 마치 입체적으로 존재했던 아주 멋진 조각상을 특징 없는 평면 그림으로 옮겨놓는 것처럼 말입니다.

글이 납작해지는 이유

우리가 경험한 생생한 일들이 글로 옮겨질 때 납작해지는 이유는 무엇일까요?

사실 그 답은 우리가 세상을 '보는 방식' 속에 숨어 있습니다. 혹시 아세요? 우리는 분명히 3차원의 세계에 살고 있지만, 실제로 우리가 '볼 수 있는 것'은 2차원뿐이라는 사실을요.

예를 들어 눈앞에 연필 한 자루가 놓여 있다고 상상해 보세요. 우리는 그 연필의 한쪽 면만 보고 있을 뿐입니다. 카메라로 찍어도 마찬가지예요. 렌즈에 담기는 건 언제나 '면'입니다. 뒤쪽, 아래쪽, 안쪽은 실제로 본 게 아니라 이전 경험과 기억을 바탕으로 '짐작'하는 것이지요.

인간은 자기보다 한 차원 낮은 세계만 볼 수 있다고 해요. 3차원에서 사는 우리는 결국 2차원의 정보만 받아들이는 셈입니다. 알고 보면 '본다'라는 것도 일부만 보고 나머지는 '추론'하는 행위일지도 모릅니다.

아이들이 글을 쓸 때도 마찬가지입니다. 눈으로 본 생생한 경험과 온몸으로 느낀 감정은 입체적이고 풍성하지만, 글로 옮기는 순간 단편적이고 납작해져 버리곤 합니다. '재미있었다', '기분이 좋았다' 같은 표현은 결국 그 멋진 조각상 중 '한 면'만 보여주는 셈입니다. 이런 일은 아이들의 글 속에서 비일비재하게 일어납니다. 아이들은 학교 운동장에서 친구들과 잡기 놀이를 한 이야기, 놀이터에서 친구들과 놀았던 이야기, 길에서 만난 귀여운 강아지 이야기, 비온 뒤에 만난 지렁이와 달팽이 이야기를 온몸으로 표현합니다. 강아지 소리를 흉내 내기도 하고, 친구들과 잡기 놀이를 하다가 넘어져서 무릎이 까진 일도 실감 나게 전해주지요.

관찰하는 힘과
표현법이 부족한 아이들

그런데 그 생생한 경험을 글로 옮기는 순간, 생동감은 금세 사라집니다. 아이의 말에선 빛이 나는데 글로 옮기면 그 빛이 바랜 듯 느껴지지요.

여기에는 두 가지 이유가 있습니다. 첫째, 세세히 관찰하는 능력, 즉 '관찰력' 자체가 부족한 경우입니다. 무엇을 어떻게 보아야 하는지 몰라 오감으로 느낄 수 있는 다양한 정보들을 놓치게 되는 것이지요.

둘째, 관찰은 했지만 그것을 어떻게 언어로 풀어내야 할지 모르는 경우입니다. 실제로 많은 아이들이 두 번째 경우에 해당합니다. 어른이 놓치는 아주 작은 부분까지 놀랍도록 섬세하게 포착하고, 마음속에 아주 다양한 감정들을 지니고 있지만 언어로 풀어내지 못하는 거지요.

뭔가 특별한 것을 보고 느꼈는데 어떤 말로 표현해야 할지 모르는 겁니다. 머릿속에는 고화질 영화가 재생되고 있는데, 어떻게 표현해야 할지 몰라 그저 '재미있었다', '신났다' '지루했다'와 같이 몇 개의 단어로 끝내버리는 거지요. 그러나 읽는 사람 입장에서는 무엇이 재미있었는지, 왜 신이 났었는지, 무엇이 지루했는지 도무지 알 길이 없습니다.

글을 풍성하게 만드는 법

부모님이 아이와 함께 관찰하고, 이 경험을 언어로 연결할 수 있도록 '디딤돌 질문'을 던져주세요. 좀 더 자세하게 알아볼게요.

첫째, 관찰력이 부족한 경우에는 '오감'을 활용해 아이와 함께 사물을 세밀하게 관찰해 보며, 관찰력 자체를 키워주는 경험을 자주 해주세요. 둘째, 관찰은 했지만 언어로 자세하게 풀어내지 못하는 경우에는, 막연한 감정이나 느낌이 단어로 이어질 수 있도록 부모님의 질문이 다리가 되어주어야 합니다. 이렇게 관찰과 언어를 이어주는 다리가 있으면 아이는 마음속 경험을 더 깊이 들여다보고, 자연스럽고 생생하게 글로 표현할 수 있게 됩니다.

지금까지 우리는 마인드맵과 육하원칙으로 머릿속 생각들을 꺼내어 정리하고, 그것을 '구조'라는 틀 안에 담아보는 연습해 보았습니다. 이제는 그 탄탄한 틀 안에 관찰을 통해 얻은 구체적인 내용을 채워 넣는 연습을 해볼 차례입니다.

아이가 관찰한 것을 표현할 수 있도록 두 가지 방향으로 나누어 실천해 볼 수 있는 방법을 알아보겠습니다.

● 하나의 사물을 오감으로 관찰하기

관찰력이 부족한 아이들에게는 먼저 '무엇을', '어떻게' 관찰해야 하는지 구체적으로 알려주세요. 대부분 관찰할 포인트만 알면 금세 실력이 늘어납니다. 여기에서는 특히 쓰기 활동에 중점을 두고, '오감을 활용해서 하나의 사물을 관찰하는 방법'에 대해서 알려드리고자 합니다.

아이에게 하나의 사물을 자세히, 천천히 관찰해 보자고 해보세요.

1. 먼저 눈으로 보는 것부터 시작하기

• 부모: "어떤 색깔이지?"

• 아이: "빨간색이요!"

• 부모: "정말 빨간색만 있어? 다른 색은 없어?"

- 아이: "어…. 살짝 노란 부분도 있고, 초록색 부분도 있네요. 꼭지가 달린 부분은 갈색처럼 보이기도 해요."
- 부모: "여기 사과가 멍든 것 같은데 어떤 색이 보여?"
- 아이: "멍든 부분은 살짝 갈색으로 변했네요."

처음엔 사과가 빨갛기만 하다고 생각했던 아이도 자세히 관찰하면서 여러 가지 색깔을 발견하게 됩니다.

2. 손으로 만져보기

- 부모: "만져보니 어떤 느낌이 나?"
- 아이: "차가워요. 냉장고에서 막 꺼내서 그런가 봐요. 완전히 매끌매끌할 줄 알았는데 콕콕콕 점처럼 박힌 부분은 도톨도톨하네요. 단단한데 멍든 부분은 쏙 들어갔어요."
- 부모: "그럼 꼭지 부분은 어때?"
- 아이: "꼭지 부분은 딱딱해요. 거칠거칠하기도 하고요."

3. 소리도 들어보기

- 부모: "이제 엄마가 사과를 깎아줄게. 같이 먹어보자. 사과를 한 입 베어 먹어볼까? 어떤 소리가 나지?"
- 아이: "엄마, 아삭아삭 소리가 나요. 아삭아삭한 소리를 들으니 기분이 좋아요."

4. 냄새 맡아보기

- 부모: "사과를 코에 가까이 대고 냄새를 맡아볼까?"

- 아이: "달콤한 냄새가 나요. 상큼하기도 해요."

5. 맛보기

- 부모: "한 입 베어 먹으니 맛이 어때?"

- 아이: "엄마, 한 입 먹으니까 사과즙이 나와요. 새콤달콤해요."

아이의 표현에 생생한 표현을 덧붙여주세요.

- 부모: "새콤한 맛이 입 안에 가득 차는 것 같지?"

- 아이: "네, 엄마."

이제 아이와 관찰한 내용을 글로 옮겨봅니다. 처음에는 부모님이 옆에서 함께 써주세요.

> 엄마, 아빠와 사과를 관찰했다. 사과는 빨간색만 있는 줄 알았는데 자세히 보니 녹색과 노란색도 섞여 있었다. 꼭지 부분은 약간 갈색이고, 멍든 부분도 살짝 갈색으로 변해 있었다. 만져보니 냉장고에서 막 꺼내서 차가웠다. 완전히 매끌매끌할 줄 알았는데 점이 콕콕 박힌 것처럼 생긴 부분은 도톨도톨하고 거칠거칠했다. 엄마가 사과를 깎아주셨는데 한 입 베어 먹으니 아삭아삭한 소리가 났다. 아삭아삭한 소리를 들으니 기분이 좋았다. 사과 냄새를 맡아보니 달콤하면서도 상큼했다. 또 한 입 베어 먹으니 사과즙이 나왔다. 새콤달콤한 맛이 입 안에 가득 차는 것만 같았다.

단순히 "사과는 빨간색이다." 혹은 "사과는 맛있었다."로 끝날 뻔한 이야기가 이렇게 풍성한 이야기로 확장될 수 있습니다.

평소에 이런 방식으로 관찰 경험을 자주 제공해 주면, 아이들은 일상의 작은 경험들도 훨씬 더 세밀하고 생생하게 표현할 수 있게 됩니다. 맨 처음에는 부모님이 질문을 통해 아이들의 관찰할 포인트를 알려주세요. 그리고 글쓰기도 함께 도와주시고요. 그러다 보면 아이는 점차 스스로 "어떤 색일까?", "어떤 소리일까?", "어떤 촉감일까?" 하고 물으며 자연스럽게 오감을 활용해 관찰하게 됩니다.

● 아이의 관찰을 생생하게 표현해 주는 디딤돌 질문

관찰한 것을 언어로 풀어내기 어려워한다면 막연한 감정과 경험들을 구체적으로 풀어낼 수 있도록 디딤돌 질문을 해주며, 다음의 세 가지 표현 방법을 아이와 함께해보세요.

1. 구체적이고 감각적인 언어 사용하기

'날씨가 좋아서 참 좋았습니다.', '우리 반이 이겨서 참 기분이 좋았습니다.', '영화가 참 재미있었습니다.'와 같이 막연하고 단편적인 표현 대신 구체적이고 감각적인 언어를 쓸 수 있도록 이끌어주세요.

예를 들어 아이가 "새로 산 이불이 좋았어요."라고 말했다면 그 느낌을 구체적으로 풀어낼 수 있도록 디딤돌 질문을 해주세요.

"어떤 점이 좋았어?"

"만져봤을 때 느낌이 어땠어?"

"덮고 자니까 어땠어?"

아이가 바로 답하기 어려워한다면, 처음에는 부모님께서 선택지를 주셔도 좋습니다.

- 부모: "만져보니 어땠어? 부드러웠어? 거칠거칠했어?"
- 아이: "부드러웠어요."
- 부모: "잘 때 덮어보니 어땠어?"
- 아이: "움직일 때마다 사각사각 소리가 났어요. 포근했어요."
- 부모: "따뜻했어? 아니면 시원했어?"
- 아이: "히히, 엄마. 당연히 따뜻했죠."
- 부모: "혹시 이불 덮으니까 어땠어? 잠이 잘 왔어? 아니면 너무 더워서 잘 못 잤어?"
- 아이: "아, 맞다. 이불이 포근해서 잠이 더 잘 오는 것 같았어요. 꿀잠 잤어요, 엄마!"

이런 질문들은 아이가 자신의 경험을 더 깊이 들여다보고, 막연한 감정을 구체적인 표현으로 발전시킬 수 있도록 돕는 디딤돌이 됩니다.

2. 행동과 반응을 구체적으로 묘사하기

감정이나 느낌을 '기뻤다', '슬펐다', '즐거웠다'와 같이 단편적으로 표현하지 말고, 그때 자신의 행동이나 반응, 실제로 일어난 상황을 구체적으로 묘사하도록 도와주세요.

예를 하나 더 살펴볼까요? 〈괴물〉이라는 영화를 보고 아이가 "영화가 무서웠어요."라고 말했다고 가정해 볼게요. 이런 경우 아이에게 이렇게 질문해 보세요.

- 부모: "어떤 장면이 무서웠어?"
- 아이: "한강에서 괴물이 튀어나오는 장면이요."
- 부모: "그 장면이 왜 무서웠어?"
- 아이: "한강 우리 가봤었잖아요? 실제로 가봤던 장소에서 괴물이 튀어나와서 사람들을 마구 쫓아오니까 너무 무서웠어요. 도망가는 사람들이 넘어질까 봐 무서웠어요."
- 엄마: "엄마는 그 장면에서 손에 땀이 나던데?"
- 아이: "아, 엄마 저는 등에서 땀이 막 나더라고요."
- 엄마: "그 장면에 네가 같이 있는 것만 같았어?"
- 아이: "제가 거기 있었으면 넘어져서 괴물한테 잡혔을 것 같고…. 그래서 더 무서웠어요."
- 엄마: "섬뜩했어?"
- 아이: "네, 맞아요! 섬뜩했어요!"

아이가 한 말을 그대로 이어 쓰기만 해도 멋진 글이 됩니다. 아이와 함께 글로 옮겨보세요. 처음에는 부모님이 도와주시고, 점점 아이 스스로 글을 써볼 수 있게 해주세요.

> 〈괴물〉이라는 영화를 봤다. 한강에서 괴물이 튀어나오는 장면에서 도망가는 사람들이 넘어질까 봐 무서웠다. 한강에는 예전에 가족들이랑 가봤는데, 실제로 가봤던 장소에서 괴물이 튀어나와서 사람들을 막 쫓아오니 너무 무서웠다. 도망가는 사람들이 넘어질까 걱정되서 등에서 땀이 났다. 나도 그 장면에 같이 있었으면 넘어져서 괴물한테 잡혔을 것 같아서 섬뜩했다.

'무서웠다'라는 평면적인 표현 속에 숨어 있었던 아이의 입체적인 마음이 질문을 통해 자연스럽게 글로 드러났습니다.

3. 순간을 확대해서 세밀하게 표현하기

아이가 쓴 글 중에서 평면적으로 표현되어 있는 순간을 확대해서, 마치 슬로우모션으로 보는 것처럼 자세히 묘사해 보도록 도와주세요.

아이가 '점심시간에 급식실에서 넘어져서 부끄러웠다.'라고 적었다고 가정해 볼게요. 이렇게 디딤돌 질문을 던지며 문장을 아이와 같이 다시 써보세요.

- 부모: "점심시간에 왜 넘어졌어?"

- 아이: "급식실에 가고 있었는데 맞은 편에서 오던 형이랑 부딪혔어요."

- 부모: "형도 줄 서려고 가고 있었던 거야?"

- 아이: "아니요. 형은 급식을 받아서 오던 중이었어요."

- 부모: "정말? 음식도 쏟았겠네?"

- 아이: "네. 형한테 정말 미안했어요."

- 부모: "왜 미안했어?"

- 아이: "형은 급식판을 들고 조심히 오고 있었는데 제가 뛰어갔거든요."

- 부모: "국같이 뜨거운 음식 있었던 거 아니야?"

- 아이: "다행히 형이 국을 안 받았더라고요. 반찬을 조금 쏟았는데 형이 괜찮다고 했어요."

- 부모: "뛰어가다가 넘어졌어?"

- 아이: "네. 급식실에서 뛰면 안 되는데 뛰다가 넘어졌어요."

- 부모: "아. 네가 뛰다가 넘어진 거라서 부끄러웠던 거야?"

- 아이: "네. 제가 잘못해서요. 형은 급식을 흘리고, 저는 넘어지고 정말 부끄럽더라고요."

- 부모: "얼굴이 빨개졌겠다 그치?"

- 아이: "아휴, 맞아요. 귀까지 빨갛게 됐는지, 귀가 뜨겁더라고요. 뒤따라 오던 정후가 놀라서 괜찮냐고 귀도 빨갛다면서 물어봤어요. 괜히 뛰어서…."

- 부모: "정후 착하네?"

- 아이: "네. 정후가 물어봐줘서 그래도 덜 민망했어요."

이렇게 대화를 나눈 후, 아이와 함께 글을 다시 써보세요.

> 점심시간에 급식실에 뛰어가다가 맞은 편에서 오던 형이랑 부딪혔다. 형은 급식을 받아 조심해서 오고 있었는데 나랑 부딪혀서 반찬을 쏟았다. 다행히 형이 국을 안 받아 뜨거운 게 없어서 다치진 않았지만, 형에게 정말 미안했다. 그래서 미안하다고 형에게 말했더니 형이 괜찮다고 말했다. 뛰면 안 되는데 뛰다가 넘어진 거라 정말 부끄러워 얼굴이 빨개졌다. 귀까지 빨개졌는지 귀가 뜨거웠다. 급식실에서 괜히 뛰어서…. 뒤따라오던 정후가 놀라서, "민우야. 너 괜찮아?" 하고 나에게 물어봤다. 정후가 물어봐줘서 그래도 덜 민망했다.

단순했던 한 문장이 이렇게 풍성한 이야기로 바뀔 수 있습니다. 정후의 말을 직접 인용해 넣으니 글이 훨씬 더 생생해졌습니다. 부모님과 함께 써보는 과정에서 아이는 자연스럽게 구체적이고 실감나게 표현하는 방법을 익히게 됩니다.

아이가 막연한 감정 표현에서 구체적인 묘사로 조금씩 자연스럽게 발전해 나갈 수 있도록 부모님이 질문으로 디딤돌을 놓아주세요. 이런 디딤돌이 있으면 아이는 이를 발판 삼아 표현의 폭을 조금씩 넓혀갈 수 있습니다.

입체적인 경험을 평면적인 글로 옮기는 것은 생각보다 어렵습니다. 그래서 우리는 아이가 단지 글을 '쓸 수 있도록' 돕는 데서 멈추는 것이 아니라, 세상을 자세히 보고 느끼는 감각과 그 감각을 풍성한 언어로 풀어내는 힘까지 함께 기를 수 있도록 도와주어야 합니다. 감각을 열어 모든 면을 세밀하게 바라보며, 다양한 언어로 풀어낼 수 있도록 말이죠.

종이 위에 글자를 채우는 건 아이의 손이지만, 그 글자에 생명을 불어넣는 것은 바로 관찰의 눈과 표현의 언어입니다. 부모님이 먼저 질문을 건네고, 함께 바라보며 아이가 다양한 언어로 풀어낼 수 있도록 도와주세요. 그렇게 하면 아이는 세상을 더 세밀하게 바라보고, 느낀 것을 자신만의 언어로 표현할 수 있는 힘을 갖게 됩니다.

5장

마음

듣고, 말하고, 읽고,
쓰는 힘이 결국
연결되는 곳

문해력은 귀에서 시작되고, 입을 통해 성장하며, 눈으로 다져지고, 손으로 표현됩니다. 지금까지 우리는 아이의 문해력이 어떻게 자라고 확장되는지 귀, 입, 눈, 손의 과정을 따라 살펴보았습니다.

듣는 힘은 이해의 시작이 되고,
말하는 힘은 생각을 꺼내는 창이 되며,
읽는 힘은 세상을 해석하는 시선이 되고,
쓰는 힘은 생각을 담아내는 손이 됩니다.

그런데 이 모든 힘이 자라나는 마지막 자리, 그리고 이 모든 힘이 연결되는 곳은 어디일까요? 바로 마음입니다.

문해력은 단지 글을 읽고 쓰는 기술이 아닙니다. 문해력은 아이가 세상을 받아들이고, 자신의 감정을 이해하고, 그 마음을 표현하며, 타인 더 나아가 세상과 연결되는 힘이지요. 언어의 기술이 아니라, 아이의 자아와 세상을 연결하는 감정의 힘입니다.

말과 글 속에 담긴 감정과 맥락, 관계의 흐름까지 읽어낼 수 있을 때, 아이는 비로소 세상과 더 따뜻하게 연결되고, 자신을 더 단단하게 이해할 수 있게 됩니다.

감정 문해력은 듣고, 말하고, 읽고, 쓰는 힘이 '마음'으로 연결되는 힘을 말합니다. 문해력은 결국 '마음'으로 연결되어야 완성됩니다. 눈과 귀, 입과 손으로 표현된 언어들이 마음에서 시작되고, 다시 마음으로 되돌아올 수 있을 때, 아이의 문해력은 단단해지는 것이지요.

이 책의 마지막 여정은 문해력의 바탕이 되는 아이의 '마음'을 어떻게 읽고, 키워줄 것인가에 대한 이야기입니다. 이 장에서는 아이가 자신의 감정을 인식하고 표현하며 관계를 맺고, 자신의 삶을 단단하게 키워나가는 과정을 함께 살펴보겠습니다. 아이가 감정을 말로 표현할 수 있도록 도와주는 부모의 태도와 정서적 반응에 대해서도 함께 생각해 보고자 합니다. 아이가 나-타인-세상과 연결되고, 소통할 수 있는 힘은 바로 마음을 통해 완성되는 것이니까요.

아이에게 고스란히 전해지는
부모의 감정

아이의 감정 문해력은 부모 스스로가 자신의 감정을 대하는 방식에서부터 시작됩니다. 부모와의 상호작용을 통해 아이는 자아의 틀을 형성하고, 감정을 다루는 방식을 배우며, 세상을 보는 눈을 키워 갑니다. 부모가 자신의 감정을 어떻게 받아들이고 다루는지, 세상을 어떤 시선으로 바라보는지에 따라 아이의 내면에도 깊은 영향을 미치게 되지요.

아침에 아이가 일어나 엄마의 기분을 살핍니다. 학교에 가기 전 문을 나서며 마주친 엄마의 표정, 잠들기 전 아빠가 무심결에 건넨 말 한마디, 말투, 표정 하나하나가 아이의 하루 기분을 좌우하기도 합니다.

의식하지 못하더라도 부모는 말과 표정, 행동을 통해 늘 아이에게 메시지를 전하고 있습니다. 부모의 감정은 공기처럼 공간을 채우고, 아이는 그 안에서 자신을 조절하고 감정을 배우며 관계를 맺는 방식을 익혀갑니다. 때로는 자신의 감정보다 부모의 기분을 먼저 살피기도 하지요. 말보다 먼저 다가오는 표정과 분위기를 읽으며, 아이는 부모의 정서적 리듬에 맞춰 자신의 감정을 조율해 나갑니다.

이런 모습은 단순히 '눈치를 본다'라는 의미로 보기 어렵습니다. 아이는 부모와의 관계 속에서 감정을 조율하는 법을 배우고, 타인과 소통하는 방식을 익히며, 점차 세상과 연결되는 방법을 몸으로 배워가는 중입니다. 그래서 부모의 말 한마디, 표정 하나, 말하지 않은 기분까지도 아이에게는 중요하게 다가옵니다. 이런 모든 것들이 아이에게는 의미를 전하는 메시지가 되는 것이지요. 부모에게서 흘러나온 메시지들이 아이에게 일관성 있게 안정적으로 전달되면, 아이는 그 안에서 자신의 감정을 드러내는 것을 안전하다고 느낍니다. 하지만 그 흐름이 불명확하거나 말과 표정 또는 말투가 서로 어긋나 있다면 아이는 혼란을 느끼게 됩니다.

다정한 말과는 달리, 부모의 눈빛이 어딘가 불편해 보이거나 뭔가 감추고 있는 느낌이 들고, 괜찮다고 하면서도 자꾸 한숨 쉬는 모습을 보면, 아이는 어느 신호를 믿어야 할지 알 수가 없습니다. '엄마가 진짜 괜찮은 걸까?', '내가 뭘 잘못했나?' 하고 아이는 마음속으로 의문을 갖기 시작합니다.

이런 혼란스러운 경험이 반복되면 아이는 점점 자신의 감정보다 부모의 기분을 먼저 살피게 됩니다. 말 대신 침묵하거나 자신의 감정을 억누르게 되지요. 자신의 감정을 표현하는 것이 편안하지 못하다고 생각하는 순간, 아이는 마음의 문을 닫게 됩니다.

● 불안이 만든 배려의 착각

학구열이 높은 지역의 어학원에 다니는 아이가 있었습니다. 그 어학원에서는 분기별로 레벨테스트를 치르고, 일정 점수를 넘기지 못하면 한 단계 아래 반으로 이동하게 된답니다. 평소 "넌 잘하고 있어. 엄마는 널 믿어."라고 말하던 부모가 막상 아이의 승급 시험을 앞두니 걱정되고, 불안해지기 시작했습니다. 혹시라도 아래 반으로 떨어지게 되면 아이가 크게 상처받을까 겁도 났습니다. 그래서 학원에 미리 연락해 이번 달은 가족 여행을 간다며 휴원을 신청했습니다. 학원비는 그대로 납부하면서요.

이런 엄마의 행동을 본 아이는 겉으로는 아무 말도 하지 않지만, 마음속에는 온갖 생각들이 올라오기 시작합니다.

'왜 갑자기 휴원하지?'
'엄마는 내가 실력이 별로 없다고 생각하는구나.'
'내가 아래 반으로 떨어질까 봐 걱정하면서, 말만 저렇게 하시는

거구나.'

'아래 반으로 가게 되면 안 되는 건가?'

'시험을 못 보면 안 되는 건가?'

'내가 부끄러운가?'

'엄마가 저러는 건 나 때문인가 봐.'

아이는 말보다 부모의 감정을 먼저 느낍니다. "넌 잘하고 있어. 널 믿어."라는 말보다 그 말 뒤에 감춰진 엄마의 불안과 걱정이 더 크게 다가오지요. 엄마는 아이가 실망할까 봐 걱정되는 마음에 휴원을 결정했다지만, 더 깊이 살펴보면 아이보다 본인의 '불안'이 반영된 행동입니다. 아이는 엄마가 자신을 믿지 못해서 그런지, 아니면 자신이 부족해서 그런 건지 생각하며 엄마의 걱정과 행동을 자신 때문이라고 받아들이게 됩니다.

이처럼 부모가 자신의 감정을 자각하지 못한 채 결정한 행동도 아이에게는 무언의 메시지로 전달됩니다. 부모의 말투, 눈빛, 말과 다른 행동이 부모의 진짜 감정을 말해주기도 합니다. 부모가 자신의 감정에 직면하지 못하면, 아이는 그 감정의 이유를 부모가 아닌 자신의 탓이라고 받아들일 수 있습니다.

● 피곤함을 숨긴 아빠의 대답

아빠가 현관문을 열고 들어오자마자 아이는 재잘재잘 신이 나서 말하기 시작합니다.

"아빠, 아빠! 있잖아요. 오늘 집으로 오다가요, 제가 뭘 봤는 줄 아세요? 뛰어다니는 청설모를 봤어요!"

"어, 그랬구나. 좋았겠네."

아이의 흥분된 반응과 다르게 아빠의 반응은 시큰둥합니다. 오늘 온종일 업무 처리하느라 바쁘고 정신없었던 아빠는 머리도 아프고 그저 쉬고 싶은 마음이 앞서, 아이에게 건성으로 대답합니다. '아빠는 내 이야기에 관심이 없나 봐.', '아빠는 내 이야기가 재미없나 봐.' 실망한 아이는 그만 말문을 닫게 됩니다.

이런 상황이 반복되게 되면 아이는 입을 꾹 닫습니다. 그렇게 오해는 점점 쌓여가지요. 아빠의 입장에서는 피곤하고 힘든 하루라 그런 거지만, 아이는 자신의 이야기가 재미없고 중요하지 않다는 신호로 받아들이게 됩니다. 아이는 아빠가 왜 그런 반응을 보이는지 알 수가 없으니까요. 더 심각한 것은 이런 경험이 쌓이면서 아이는 자신의 감정이나 경험을 표현하는 일이 의미가 없다고 여기게 된다는 점입니다. 아이는 점점 자신의 마음을 드러내길 주저하게 되고, 부모와의 소통도 줄어들게 됩니다.

아빠가 자신의 상태를 아이에게 솔직하게 말해줬다면 상황은 달라졌을 겁니다. "청설모를 봤다고? 정말 신기했겠다! 그런데 있지. 아빠가 오늘 일이 너무 많아서 머리가 아프고 피곤해. 아빠가 조금 쉬고 더 자세히 들어봐도 될까?"라고 말해주었다면, 아이는 아빠가 자신에게 관심이 없어서 그런 게 아니라는 걸 이해할 수 있었을 겁니다.

부모 스스로가 감정을 자각하지 못하거나 자신의 감정을 솔직하게 표현하지 않는 것도 아이의 말문을 닫아버리는 이유가 되는 거지요.

감정 문해력은
부모의 감정 표현에서 시작된다

감정 문해력은 바로 부모가 자신의 감정을 인식하고 솔직히 표현하는 것에서 출발해야 합니다. 부모가 자신의 감정을 제대로 인식하지 못한 채 흘려보낸 신호는 아이에게 왜곡된 메시지를 전달할 수 있습니다. 왜곡된 메시지를 바탕으로 아이는 자신의 감정을 표현해도 되는지, 아니면 숨겨야 할지를 판단하게 되거든요.

부모도 사람입니다. 지치고, 불안하고, 두려운 순간이 당연히 있지요. 중요한 것은 그런 순간마다 감정을 부정하거나 억누르지 않는 태도입니다.

첫 번째 경우를 다시 살펴볼까요? 아이에게는 "넌 잘하고 있어. 널 믿어."라고 말해주지만, 아이가 시험을 못 치게 되면 아이가 실망하고 좌절할까 봐 걱정되어 휴원을 결정했다는 것이 과연 진짜 이유일까요?

엄마는 자신의 불안한 마음을 마주 보지 못하고 회피했지만, 정작 아이에게는 엄마의 불안한 마음이 다른 형태로 전해졌을 수도 있습니다. 혹시 아이가 받을 상처를 걱정한 것이 아니라, 아이가 아래 반으로 떨어질까 봐 부모 자신이 불안했던 건 아닐까요? 그렇다면 자신의 마음을 있는 그대로 받아들이고, "떨어져도 괜찮아."라고 부모 자신에게 먼저 말해주어야 했던 건 아닐까요?

만약 정말로 아이의 실망과 좌절이 걱정되었다면 '휴원' 조치가 아니라, 아이에게 솔직히 말해주어야 합니다. "엄마는 혹시 ○○이가 시험을 못 봐서 실망할까 봐 걱정이 되네. 그런데 엄마는 ○○이를 믿어. 그리고 시험을 못 쳐서 아래 반으로 가게 돼도 괜찮아."라고 솔직히 말해주는 편이 아이가 엄마의 감정과 행동을 자신 때문이라고 오해하는 일을 막아줄 것입니다.

감정에는 옳고 그름이 없다

감정에는 옳고 그름도 없고, 나이도 없습니다. 부모가 자신의 감정을 솔직히 인식하고 어떻게 다뤄야 할지 고민하며 표현할 줄 알아야 아이도 자신의 감정을 솔직하게 받아들이고 표현할 줄 알게 됩니다.

감정을 숨기지 않고 아이에게 솔직히 말해주는 부모의 모습은 아이에게 '감정은 말해도 되는 것'이라는 메시지를 줍니다. 부모가 자신의 감정을 정직하게 마주하고 돌볼 수 있을 때, 아이도 자신의 감정을 판단하지 않고 받아들이게 됩니다.

반대로 부모가 스스로의 감정을 '나쁜 것', '표현하면 안 되는 것'이라고 여기고 억누르거나 겉으로만 괜찮은 척한다면, 아이도 부모의 모습을 그대로 따라 하게 됩니다. 겉으로는 괜찮은 척하지만 속마음은 괜찮지 않은 아이, 마음을 표현하지 않는 아이로 자라게 되는 거지요.

자신의 감정을 돌봐주세요. 불안하고 힘든 마음, 때로는 피곤이 밀려와 짜증이 나거나 쉬고 싶은 마음도 감추지 말고 인정해 주세요. 그리고 아이에게 표현해 주세요.

"너를 믿고 있지만 혹시나 시험 성적이 안 나와서 반이 바뀌게 되면 네가 실망할까 봐 걱정이 되었어."

"아빠가 오늘 일이 많아서 머리가 아프고 너무 피곤해. 그런데 네 이야기는 정말 듣고 싶으니까 아빠가 조금 쉬고 나서 자세히 말해 줄래? 꼭이야."

이렇게 솔직하게 이야기한다고 해서 아이가 상처받을 일은 없습니다. 오히려 자신의 이야기에 관심이 없었던 것이 아니라는 걸, 자기가 부족하기 때문에 엄마가 걱정하는 것이 아니라는 걸 아이가 이해할 수 있게 됩니다.

　부모가 자신의 감정을 있는 그대로 인식하고 소중히 다루며 솔직하게 표현하는 모습은, 아이가 자신의 감정을 표현하고 타인과 소통할 수 있는 출발점이자 안전한 기반이 됩니다. 감정은 말보다 먼저 아이에게 전해집니다. 부모님 자신의 감정도 소중히 돌보고 표현해 주세요.

감정을 마주보고
표현하는 연습

마음이 열려야 문해력이 자랍니다. 문해력은 단순히 듣고, 말하고, 읽고, 쓰는 기술이 아닙니다. 진정한 문해력은 이러한 언어능력이 '마음'으로 이어지는 힘이지요. 단어를 많이 알고 문장을 이해하는 것만으로는 충분하지 않습니다. 그 안에 담긴 감정과 의도를 읽고, 자신의 마음을 표현하며, 타인과 관계 맺는 힘까지 갖춰졌을 때에야 비로소 온전한 문해력이라 할 수 있습니다.

문해력은 외적인 기술이 아니라 아이의 내면이 열렸을 때 자연스럽게 자라나는 능력입니다. 아이의 말과 글을 열어주려면 먼저 마음이 편안해야 하지요. 심리학자인 칼 융은 자아의 성장을 '중심을 향한 통합의 과정'이라고 말합니다. 한 사람의 마음이 잘 통합되어 있을수록 외부 자극을 유연하게 받아들이고 자신만의 방식으로 의미를 만들어갈 수 있다는 것이지요. 하지만 자아가 닫혀 있거나 위협받고 있다고 느끼면 감정은 억눌리고, 언어는 굳어집니다.

아무리 좋은 경험과 자극이 주어진다 해도 아이의 마음이 굳게 닫혀 있다면 그것들은 아이에게 의미 있게 다가가지 못합니다.

아이의 감정을
있는 그대로 인정해 줄 것

감정을 표현하게 하려면 먼저 자신의 감정을 '알아차릴 수' 있어야 합니다. 앞서 부모가 자신의 감정을 부정하지 않고 마주하는 것이 중요하다고 말씀드린 것처럼, 아이도 자신의 마음속에 떠오른 감정을 부정하지 않고 가만히 알아차릴 수 있게 해주어야 합니다. 어떤 감정에도 좋고, 나쁘다는 판단 없이 오롯이 느낄 수 있게요.

실제 사례를 한번 살펴보겠습니다. 아이가 친구와 놀이터에서 놀다가 미끄럼틀을 서로 먼저 타고 싶다며 다퉜습니다. 속상한 마음에 더 놀기가 싫어져서 집으로 돌아왔습니다.

"엄마, 정말 속상해요. 속상해서 더 놀기가 싫어져 그냥 집에 왔어요."라는 아이의 말에 여러분은 뭐라고 말해주시겠어요?

① "뭐 그런 일로 속상해하니? 별일도 아닌 거 같은데….."

② "에이, 괜찮아. 별일 아니야."

③ "우리 ○○이가 많이 속상했나 보구나."

④ "별일도 아닌데 다시 가서 친구랑 놀아. 친구가 기다리고 있을 거야."

아이의 감정은 '속상함'입니다. 그런데 부모가 아이의 감정을 먼저 인정하거나 공감해 주지 않고 바로 "괜찮아." 혹은 "뭐 그런 일로 속상해하니?", "별일 아니야."라고 반응한다면, 아이는 지금 자신이 느끼는 이 감정이 부적절하다는 메시지를 받게 됩니다. 괜찮은지, 별일이 아닌 건지는 아이의 감정이고 아이가 판단할 부분입니다.

이런 경험을 반복적으로 하게 되면 아이는 자신이 느끼는 그 감정이 '잘못된 감정'이고, '부적절한 감정'이라고 생각하게 됩니다. 거듭 강조하지만, 감정에는 옳고 그름이 없습니다. 아이의 감정에 이것은 잘못된 감정이고, 이것은 좋은 감정이라고 이름을 붙이지 마세요. 아이가 자신의 감정을 판단하지 않고 온전히 받아들일 수 있도록 부모님은 아이의 어떤 감정이라도 존중해 주는 태도가 필요합니다.

아이가 자신의 감정을 인지하고 자신의 감정에 이름을 붙여 이야기하는 것과 감정을 행동으로 표출하는 것은 다른 영역입니다. 아이가 솔직히 표현할 수 있도록 그저 들어주세요. 가정에서부터 자신의 감정 그대로 존중받는 경험을 반복하는 아이는 타인의 감정도 존중할 줄 알게 됩니다.

해결책은 함께 찾기

아이의 감정을 충분히 인정해 주고 공감해 준 후에는 다음 단계로 나아갈 수 있습니다. 이때 중요한 것은 아이 스스로 해결책을 찾을 수 있도록 돕는 것이지요.

"많이 속상했구나. 친구와 함께 놀고 싶었는데 다퉈서 기분이 안 좋았구나. 이제 어떻게 하면 좋을까?" 이렇게 아이에게 물어보면 아이는 자신의 감정을 정리하면서 문제 해결 능력도 키울 수 있습니다. 성급하게 답을 제시하려 하지 말고 아이가 스스로 생각해 볼 수 있는 시간을 주세요. "어떻게 해야 할지 모르겠어요."라고 답한다면 이때도 역시 바로 답을 주려 하지 말고 아이에게 방법을 찾아보자고 제안해 보세요.

그런데 어떤 감정도 표현할 수 있는 허용적인 분위기를 만들어주었는데도 아이가 자신의 감정을 표현하지 못하는 경우가 있습니다. 이런 경우는 자신의 마음을 세세하게 표현할 수 있는 감정 어휘가 충분하지 않기 때문입니다. 복잡하고 미묘한 자신의 감정을 표현하려니 적당한 단어가 잘 떠오르지 않는 것이지요.

이럴 때 활용하기 좋은 책이 있습니다. 바로《아홉 살 마음사전》입니다. 이 책에서는 '감격스럽다'부터 '흐뭇하다'까지, 다양한 감정 표현 80개를 가나다순으로 소개하고 있습니다. 각 단어마다 그림과 함께 실생활 속 예시를 담아, 아이가 실제로 쓸 수 있는 말로 감정을 익히게 도와주는 책이지요. 이 책은 초등 2학년 국어 교과서에 일부 내용이 실려 있지만, 초등 전 학년을 아우를 수 있을 만큼 폭넓게 활용할 수 있습니다.

2학년 아이들을 가르칠 때, 저는 아침 시간마다 이 책에서 감정 단어 하나를 골라 함께 읽었습니다. 뜻풀이와 예문을 받아쓰고, 마지막에는 그 단어를 넣은 자기만의 감정 문장을 적어보게 했지요.

예를 들어 '뿌듯하다'라는 단어를 고르면 아이들은 공책에 이렇게 적습니다.

① 책 속의 단어와 뜻 따라 적기

뿌듯하다: 마음속이 꽉 찬 느낌이 들 정도로 기쁘고 대견스럽다.

② 자신의 경험과 감정을 연결해 문장을 써보기

'엄마가 피곤해 보이셔서 어깨를 주물러드렸다. 엄마가 좋아하셔서 뿌듯했다.' 자신의 감정 문장을 적습니다.

가정에서도 이 책을 이렇게 활용해 보세요. 책 속의 감정 단어를 하나 고른 뒤, 아이와 함께 뜻을 읽고 예시 상황을 살펴봅니다. 그다음엔 그 감정과 비슷한 경험이 있었는지, 그때 아이는 어떤 기분이었는지를 아이의 말로 정리해 보게 해주세요. 하루에 한두 문장만 적어도 괜찮습니다. 그렇게 쌓인 문장들이 모이면 어느새 '아이만의 감정 사전'이 완성됩니다.

일상에서
감정 표현 연습하기

감정 어휘를 늘리는 것만큼 중요한 것은 일상에서 자연스럽게 감정을 표현할 수 있는 기회를 만들어주는 것입니다. 일상에서 아이와 함께 감정 표현을 연습할 수 있는 방법을 소개할게요.

1. 감정 강도 표현하기

"기뻐."라는 단순한 표현 대신 1부터 10까지 숫자로 감정의 강도를 표현해 보게 해주세요. "오늘 친구와 놀아서 기뻤어. 오늘의 감정 강도는 7단계!", "시험이 걱정되어서 불안해. 오늘의 감정 감도는 8단계!" 이렇게 구체적으로 표현하면 아이는 자신의 감정을 더 정확하게 인식할 수 있습니다.

2. 감정이 몸에 주는 신호 찾기

"화가 날 때 몸의 어느 부분에서 신호를 보내는 것 같아?", "속상할 때는 어디가 아파?" 하고 물어보세요. "할 것이 많아서, 머리가 지끈거려요.", "친구랑 싸우고 나니까 가슴이 답답하고 소화도 잘 안돼요.", "너무 긴장해서 배가 살살 아파요. 손도 덜덜 떨리는 것 같아요." 이렇게 같은 신체 감각과 감정을 연결해 주면 아이는 자신의 감정을 훨씬 더 구체적으로 표현할 수 있습니다.

감정을 적어보는
루틴 만들기

아이에게 매일 한 줄씩이라도 그날 느낀 감정을 적어보는 습관을 만들어 주세요. '오늘은 친구와 함께 놀아서 즐거웠다.', '시험이 걱정되어서 불안했다.'와 같이 처음에는 단순하고 간단한 문장이라도 충분합니다.

꾸준히 적다 보면 '엄마가 없을 때, 동생이 장난으로 엄마 귀걸이를 숨겼다. 엄마는 내가 한 줄 알고 혼냈다. 억울해서 눈물이 나왔다. 내가 한 거냐고 물어보지도 않고, 나를 혼내서 속상하고 억울했다.'처럼 감정을 구체적으로 적는 날도 생깁니다. 길게 적으라고 하지 않아도 아이 스스로 표현하고 싶은 날이 찾아옵니다.

매일 한 줄이라도 꾸준히 적다 보면 아이는 자신이 자주 느끼는 감정을 스스로 알아차리고, 감정을 말이나 글로 표현하는 것이 점점 더 자연스러워집니다.

감정을 매일 적는 습관을 도와줄 수 있는 도구로 '무드미터Mood Meter'를 활용해 보셔도 좋습니다. 무드미터는《감정의 발견》 저자이

자 예일대 감성지능센터의 마크 브래킷 교수가 개발한 감정 인식 도구입니다. 사람의 감정을 '에너지(높고 낮음)'와 '쾌적함(기분 좋음과 불쾌함)'의 기준으로 나누고, 네 가지 색깔로 표현했습니다. 색깔 구분 안에는 각각의 감정 단어들이 더욱 세분화되어 있어서 아이가 막연히 "기분이 나빠.", "좋아."라고 표현하는 대신 "짜증나.", "진이 다 빠졌어.", "평온해.", "짜릿해."와 같이 좀 더 정교하고 자세하게 자신의 감정을 인식하고 표현할 수 있도록 도와줍니다.

"오늘 하루를 떠올렸을 때, 무드미터에서 어떤 색이 제일 가까웠어?"라고 물어보세요. 그러고 나서 그 감정에 어울리는 단어를 하나를 골라 한 문장으로 써보게 하세요. 아이는 자신의 감정을 훨씬 더 명확하게 인식하고, 구체적으로 표현할 수 있습니다. 특히 평소 자신의 감정을 표현하기 어려워하는 아이들에게 유용한 도구가 될 수 있습니다.

무드미터를 출력해서 냉장고나 책상 앞에 붙여두고, 아침이나 저녁에 잠깐씩 '감정 선택 놀이'처럼 활용해 보세요. 색깔을 고르고 감정을 말로 옮겨보는 이런 순간들이 쌓이면 감정 인식과 표현이 아이는 물론 부모에게도 자연스럽고 익숙한 일상이 됩니다.

모든 감정을 소중하게 다루기

이렇게 일상에서 감정을 인식하고 표현하며 적어보는 과정을 통해 아이는 자신이 하루 동안 정말 다양한 감정을 경험하고 있다는 것을 알게 됩니다. 기쁨, 즐거움, 설렘부터 속상함, 화남, 두려움까지 말이지요. 이때 부모가 마지막으로 꼭 기억해야 할 중요한 점이 있습니다. 바로 아이의 모든 감정을 동등하게 대해 주는 것입니다.

많은 부모들이 아이의 기쁨, 즐거움, 행복 같은 긍정적 감정은 쉽게 받아주지만, 흔히 부정적 감정이라고 부르는 화, 슬픔, 두려움 같은 감정을 표현할 때는 그 감정을 빨리 다른 감정으로 바꾸려 하거나 전혀 다른 주제로 주의를 돌리려 하기도 합니다. 하지만 이 또한 아이 마음속에 자연스럽게 존재하는 감정들입니다.

"화가 나는 건 자연스러운 거야. 그런 마음이 들어도 괜찮아. 어떤 일 때문에 화가 났는지 말해줄 수 있을까?"
"무서운가 보구나. 뭐가 무서운지 이야기해 줄래?"

이처럼 불편하게 느껴질 수 있는 감정들도 기쁨이나 즐거움만큼이나 소중하게 다뤄주세요. 아이 스스로 자신의 감정을 있는 그대로 받아들이고 표현할 수 있어야 그 감정을 건강하게 조절하는 힘도 함께 자라납니다. 실제로 어릴 적부터 화나 슬픔, 두려움 같은 감정들은 억눌러야 한다고 배운 아이는 성인이 되어서도 자신의 감정을 제대로 인식하거나 조절하는 데 어려움을 겪는 경우가 많습니다. 반면, 모든 감정을 자연스럽게 받아들이고 표현해 본 경험이 있

는 아이는 스트레스 상황에서도 자신의 감정을 다루는 데 훨씬 능
숙하고 건강하게 대처할 수 있습니다.

말 한마디가
아이의 관계를 바꾼다

"선생님, 수민이가 제 신발을 밟았어요. 새 신발인데 속상하다고 사과하라고 했는데, 사과는 안 하고 계속 안 했다고만 그러더니 나중엔 저한테 화까지 냈어요."

중간 놀이 시간이 끝나자마자 주현이가 울면서 저를 찾아왔습니다. 쉬는 시간 종이 울리자마자 손잡고 운동장으로 신나게 뛰어나갔던 아이들이 끝나는 종이 치자마자 속상한 얼굴로 달려오다니요.

아이들에게 자초지종을 들어봤습니다. 주현이가 새 신발을 신고 왔는데 신발이 참 예쁘더래요. 수민이는 "주현아, 신발 정말 예쁘다."라고 말하려다가, 그만 실수로 주현이 신발 뒤축을 밟았나 봐요. 순간적으로 미안한 마음이 들었지만 말 꺼내기가 왠지 어색해서 말하지 않았대요. 그런데 주현이가 신발을 자꾸 자랑하니까 속으로 얄미운 마음도 들었답니다. 속상했던 주현이는 수민이에게 계속 사과하라고 했고, 수민이는 갑자기 기분이 확 나빠져서 더 사과하기 싫어졌답니다. "너랑 이제 다시는 안 놀 거야."라는 말을 들으니 더 화가 났답니다. 그래서 사과하는 대신 화를 냈다고 했습니다.

사람은 누구나 타인과 연결되고 싶은 본능을 가지고 있습니다. 아이도 마찬가지입니다. 누군가와 함께 있고 싶고, 이야기 나누고 싶고, 인정받고 싶고, 친하게 잘 지내고 싶은 마음이 있지요. 그런데 이런 마음을 표현하는 방식이 서툴거나, 감정을 어떻게 표현해야 할지 몰라 곁에 있는 친구에게 괜히 모진 말로 상처를 주기도 하고, 마음과 다른 말로 친구를 밀어내기도 합니다. 속마음은 그렇지 않은데도 말이지요. 수민이도 마찬가지였어요. 친구들과 잘 지내고 싶고, 가까워지고 싶은데 자꾸 마음과 다른 날 선 말이 먼저 나와서 속상했는지 결국 울음을 터트렸습니다

감정 문해력 부족으로
일어나는 일들

감정은 말로 흘러나옵니다. 감정 문해력이 부족하면 관계에서도 어려움을 겪게 되지요. 아이가 선택한 말이 자신의 마음을 제대로 담아내지 못하면, 아이는 '내가 하고 싶은 말'과 '상대가 받아들이

는 말' 사이의 간극 때문에 좌절감을 느끼게 됩니다.

아이들이 교우 관계에서 부딪히는 대부분의 경우 감정 표현 방식과 말의 선택에서 비롯됩니다. 친구에게 미안한 상황에 "미안하다."라고 표현하는 대신 어색하다는 이유로 아무 말도 않거나 오히려 화를 내는 상황, 기분 나쁘고 속상했다는 말 대신 "너랑 안 놀아."라고 말하는 경우는 모두 아이들이 상대방에게 마음을 표현하는 방법을 제대로 몰라 일어나는 일들입니다. 바로 '관계의 언어'를 제대로 경험해 보지 못했기 때문이지요. 그렇다면 아이들은 어디에서 이런 '관계의 언어'를 배우는 걸까요?

가정의 대화가
아이의 관계 언어가 된다

아이들이 가장 먼저 관계를 형성하는 곳은 바로 가정입니다. 아이들은 부모가 서로에게, 그리고 자신에게 어떻게 말하고 대하는지를 보고 들으며 관계 언어를 자연스럽게 익힙니다. 부모 간의 대화, 부모와 자녀 간의 대화, 형제자매 사이의 대화가 바로 '살아 있는 관계 언어 교과서'가 되는 것이지요.

● 부모의 대화 방식, 아이에게 그대로
외부 출장으로 집에 늦게 도착할 것 같은 엄마가 아빠에게 빨래 좀 해놓아 달라고 부탁했습니다. 그런데 집에 돌아와 보니 빨래통 바구니에 빨래는 그대로 있습니다. 화가 난 엄마는 아빠에게 다그치듯 말합니다.

"아휴, 정말. 오늘 나 바쁘다고 집에 먼저 오면 빨래 좀 돌려달라고 그랬잖아. 그대로 있네."
"아, 맞다."
"일찍 오면 민우 숙제 좀 봐주라니까. 또 안 봐줬지?"
"나도 바빴다고! 나는 한가해서 집에 일찍 온 줄 알아? 쉬고 있는 걸 보질 못해."

깜빡했다며 미안하다고 사과했으면 될 텐데, 들어오자마자 화를 내는 엄마 말에 괜히 머쓱해진 아빠는 아무 말도 하지 않습니다. 사과를 받지 못한 엄마는 속상한 마음에 아빠를 연달아 다그칩니다. 결국 화가 난 아빠는 미안하다는 말 대신 화를 내며 마음과 다른 말을 쏟아냅니다.

이런 대화를 자주 듣고 자란 아이는 그 말투와 표현 방식을 그대로 따라 하게 됩니다. 친구의 행동에 속이 상해도 속상하다는 말 대신 짜증을 내며 상대를 비난하는 말을 하게 될 테고, 자신이 잘못했을 때도 미안하다는 말 대신 오히려 상대방의 행동을 트집 잡으며 화를 낼지도 모릅니다.

상대를 비난하는 말, 짜증 섞인 목소리, 미안한 상황에서 말을 아끼는 부모의 모습이 자연스러운 대화 방식이라 여기며 자신도 모르게 습득하게 됩니다. 특히 갈등 상황에서 부모의 대화 모습을 따라하게 됩니다. 감정이 격해질 때 어떻게 반응하고, 의견이 서로 다를 때 어떤 방식으로 해결하는지를 그대로 배웁니다.

● 부모가 아이에게 하는 말의 힘

아이가 수학 단원 평가를 보고, 엄마에게 사인을 받으려고 시험지를 내밉니다. 시험지를 본 엄마는 이렇게 말합니다.

"너 몇 개 틀렸어?", "왜 이렇게 많이 틀렸어?", "민지는 몇 개 맞았대?", "민지는 두 개밖에 안 틀렸는데, 너는 네 개나 틀린 거야?", "넌 왜 이렇게 실수를 많이 하니?"

이런 말을 자주 들은 아이가 교실에서 수학 문제를 풀고 있을 때, 친구들에게 어떤 말을 할지 짐작이 가시죠?

"너 몇 개 틀렸어?", "왜 이렇게 많이 틀렸어?", "넌 왜 이렇게 실수를 많이 해?"

아이는 집에서 들은 말을 그대로 옮깁니다. 부모에게서 배운 '평가와 비교의 언어'를 친구 관계 속에서도 무의식적으로 사용하게 됩니다

관계를 살리는
언어로 바꾸기

다시 수민이와 주현이의 상황으로 돌아가 볼게요. 교실에서 이런 상황이 발생하는 경우, 저희 반에서는 서로 마주보며 '행감바'와 '인사약'이라는 특별한 대화법을 사용합니다. ('행감바'는 행동-감정-바람의 줄임말, '인사약'은 인정-사과-약속의 줄임말입니다.)

자신의 마음을 표현할 때는 먼저 친구의 행동에 대해 말하고, 그다음은 자신의 감정을 전합니다. 그런 후에 친구에게 바라는 점을 이야기하게 하지요. 친구에게 사과할 때는 먼저 나의 잘못을 인정하는 말을 하고, 그다음 진심을 담아 사과합니다. 마지막으로 앞으로의 약속을 다짐하게 합니다.

- 주현: "수민아, 나는 네가 내 신발을 밟아놓고도 사과하지 않아서(행동) 정말 속상했어(감정). 나에게 사과해 주면 좋겠어(바람)."
- 수민: "내가 신발을 밟아놓고도 사과하지 않아서(인정) 정말 미안해(사과). 앞으로는 내가 잘못한 것이 있으면 사과할게(약속). 사실은 사과하고 싶긴 했는데 뻘쭘했어. 그리고 네가 나랑 놀지 않겠다고 해서(행동) 속상하고 화가 났어(감정). 화가 나도 그런 말을 안 해주면 좋겠어(바람)."
- 주현: "네가 그런 마음인 줄 몰랐어. 속상해서 그런 말을 했지만(인정) 미

259

안해(사과). 앞으로는 그런 말 안 할게(약속)."

뻘쭘하다고 '미안한 감정'을 표현하지 않거나 상대를 비난하는 말을 하면, 그 말은 그대로 돌아오기 마련입니다. 상대방을 배려하고 정제된 표현으로 감정을 전할 줄 알아야 관계에서도 꽃이 핍니다. 관계를 살리는 언어는 결국 가정에서부터 시작됩니다. 부모님의 대화가 아이의 언어가 됩니다.

● 부모부터 시작하는 관계를 살리는 말

앞서 살펴보았던 빨래 상황을 '행감바 인사약'으로 바꿔보면 어떨까요?

- 엄마: "여보, 오늘 내가 빨래 해달라는 부탁을 했는데 안 해놓아서(행동) 좀 속상해(감정). 다음에는 내가 부탁한 걸 잊지 말고 기억해 줄 수 있을까?(바람)"
- 아빠: "깜빡해서(인정) 정말 미안해(사과). 다음에는 잊지 않게 알람 맞춰놓고 꼭 챙겨서 할게(약속). "

서로를 비난하기보다 배려하며 자신의 감정도 표현하면 관계는 훨씬 더 따뜻하고 단단한해집니다.

아이에게 말할 때도 평가하거나 비난하는 말 대신 아이의 감정을 살피는 배려의 언어를 써주세요. 시험지에 사인을 받으러 온 아이는 이미 틀린 개수를 보고 속상한 마음이 들었을 겁니다. 게다가 엄마의 반응이 걱정되어 더 주눅이 들었을지도 모릅니다. 그런 아이에게 "몇 개 틀렸어?", "네 개나 틀렸어?", "왜 넌 이렇게 실수를 많이 했어?"라고 몰아붙이면, 관계는 당연히 닫히겠지요. 이럴 때 아마 아이는 행감바로 이야기하고 싶을 겁니다.

- 아이: "엄마가 저에게 몇 개 틀렸냐고, 너는 왜 이렇게 실수를 많이 했어."라고 해서(행동) 정말 기분이 나쁘고 속상했어요. 저도 열심히 풀었는데 긴장해서 틀렸어요. 안 그래도 속상했는데 엄마가 몰아붙이듯 말을 해서 더 속상하고 울고 싶었어요(감정). 다음부터는 그렇게 말하지 않으면 좋겠어요(바람)."
- 엄마: "내가 비교하듯 말하고 몰아붙이듯 말해서(인정) 정말 미안해(사과). 다음부터는 예쁘게 말할게.(약속)"

아이에게 순간적으로 화를 내거나 말실수를 했다면 아이에게 반드시 '인사약'을 건네주세요. 이런 작은 변화가 아이에게는 새로운 '관계 언어'를 배우는 소중한 기회가 됩니다. 배려와 존중의 말을 들은 아이는 친구 관계에서도 자연스럽게 그런 언어로 소통하게 됩니다.

● 일상에서 관계 언어 연습하기

일상의 작은 대화에서도 '행감바 인사약'을 사용해 보세요. 고마운 마음을 표현할 때도, 칭찬할 때도, 부탁할 때도 충분히 활용할 수 있습니다.

"신발 정리를 도와줘서(행동) 정말 고마워(감정). 앞으로도 엄마 자주 도와주면 좋겠어(바람)."

"오늘 동생도 잘 챙기고 사이좋게 지내서(행동) 정말 멋지더라(감정). 앞으로도 계속 잘 부탁해(바람)."

"저기 구석에 벗어놓은 양말들 때문에(행동) 엄마가 지금 할 일이 많아서 조금 답답한데(감정) 앞으로는 빨래통에 좀 넣어줄래(바람)?"

아이와 함께하는 일상생활에서 이런 언어들이 자연스럽게 오고 간다면, 아이는 무의식적으로 배려와 존중의 언어들을 습득하게 됩니다.

'다정한 말에서 꽃이 핀다.'라는 말처럼, 가정 안에서 오가는 배려와 존중의 언어는 아이가 맺는 관계 속에서도 따뜻한 꽃을 피워냅니다. 말 한마디가 관계를 바꿉니다. 다정한 한마디가 아이의 관계를 더 깊고 단단하게 자라나게 합니다.

부록

오감 문해력
부모 실천 가이드

지금까지 우리는 귀로 듣고, 입으로 말하고, 눈으로 읽고, 손으로 쓰고, 마음으로 느끼며 연결되는 오감 문해력에 관해 살펴보았습니다. 매일 아이와 함께하는 10분은 아이의 문해력을 자라게 합니다. 일상 속 작은 대화, 함께 나누는 이야기, 아이의 마음에 귀 기울이는 순간들이 차곡차곡 쌓여 아이만의 언어 세계를 만들어갑니다.

부록에서는 아이의 발달 단계에 맞춰 오감 문해력을 키울 수 있는 방법을 저학년과 고학년으로 나누어 살펴보겠습니다. 앞서 소개된 세 가지 에피소드-《강아지똥》 책 읽어주기, 아빠와 소가 대화를 나눈 이야기, 그리고 개미만큼 작아진 상상 이야기-에서 다룬 장면들을 중심으로, 일부는 그 내용을 확장하거나 새롭게 응용한 활동으로 구성되었습니다.

문해력 호기심을 깨우는
초등 저학년 아이들을 위한 방법

저학년 아이들은 세상을 온몸으로 배웁니다. 아이가 눈으로 보고, 귀로 듣고, 관찰하며 오감으로 느낀 것들은 모두 언어와 연결됩니다. 아직 추상적인 개념보다는 눈앞에 보이고 들리는 구체적인 것들에 더 집중합니다. 몸을 움직이는 활동을 좋아하지요. 그래서 놀이처럼 듣고, 말하고, 표현하는 경험이 훨씬 효과적이지요.

아이는 귀로 들은 말을 색깔이나 동작, 표정 같은 구체적인 이미지로 바꾸어 기억합니다. 짧고 반복되는 표현을 즐겁게 받아들이지요. 말하기를 좋아하지만, 아직 자신의 감정이나 생각을 조리 있게 표현하는 데에는 아직 서툴 수 있습니다. 호기심이 많아 "왜요? 그건 무슨 뜻이에요?"와 같은 질문을 많이 하지만, 집중력이 짧아 긴 설명을 끝까지 집중해서 따라가기는 어려워합니다.

그래서 더욱 아이의 말을 끝까지 들어주고 진심으로 귀 기울이는 부모의 태도가 중요합니다. 부모와의 놀이 속에서 떠오르는 생각을 말로 표현하고, 간단히 적어보는 경험이 쌓이면 문해력은 자연스럽게 자랍니다. 이제 저학년 아이들의 특성을 고려하여, 가정에서 쉽게 실천해 볼 수 있는 구체적인 방법들을 살펴보겠습니다.

1. 이유와 느낌을 담아 일상 묘사하기

• 어떻게 할까요?

하루에 두세 번 창밖의 풍경이나 일상의 장면, 혹은 오늘의 일과를 '이유+느낌'으로 표현해 들려주세요.

• 구체적인 대화 예시

"오늘은 바람이 세게 불어서 은행잎이 춤추듯 빙글빙글 떨어지네."

"노란 은행잎이 빙글 돌며 내려가는 모습이 너무 예뻐서, 엄마 기분이 산뜻해졌어."

"엄마는 이 책이 참 좋더라. 읽고 나니까 마음이 따뜻해지는 것 같았거든."

• 어떤 힘이 자랄까요?

아이들은 문장을 들을 때, 그 안의 짜임과 감정을 함께 느낍니다. "바람이 세게 불어서 은행잎이 빙글빙글 춤추듯 떨어지네."처럼 원인과 결과

가 담긴 문장을 들으면 자연스럽게 문장의 구조를 익히고, 자신의 말에

도 생각과 감정을 담을 수 있게 됩니다..

2. 말투 바꿔 말해보기

• 어떻게 할까요?

같은 문장을 '칭찬하듯이, 걱정하듯이, 놀리듯이'와 같이 세 가지 어조로

읽어줍니다. 아이에게 방금 읽어준 문장은 어떤 느낌이었는지 맞혀보게

하고, 각각의 어조에 어울리는 색을 고르게 합니다. 색을 고른 이유를 설

명해 보게 한 후 아이와 역할을 교대합니다.

• 구체적인 대화 예시

- 부모: 빨강은 어떤 소리였을 때 칠했어?

- 아이: 목소리가 높아져서 화난 느낌이라 빨간색을 칠했어요.

• 어떤 힘이 자랄까요?

소리와 감정을 연결시키는 경험을 통해 아이의 공감력이 자라납니다.

3. 음성 변화를 통한 인물 표현하기

어떻게 할까요?

책에 등장하는 인물마다 다른 목소리와 톤으로 읽어주세요. 처음에는 슬픈 목소리로, 나중에는 기쁜 목소리로 변화를 주면 좋습니다. 《강아지똥》을 읽어줄 때 민들레는 부드럽고 따뜻한 목소리로 참새는 빠르고 경쾌한 목소리로 표현해 주세요.

• 구체적인 대화 예시

"오늘은 민들레를 어떤 목소리로 읽어볼까? 친절하고 다정한 목소리로 해볼까?"

"강아지똥이 슬플 때는 이렇게, 기뻐졌을 때는 이렇게 말했을 것 같아."

• 어떤 힘이 자랄까요?

아이들은 목소리의 변화를 통해 등장인물의 감정 변화를 좀 더 생생하게 느낄 수 있게 되고, 이야기 속 상황을 더 깊이 이해할 수 있습니다.

4. 그림과 함께 기억하기: 감정 지도 만들기(32쪽 참고)

• 어떻게 할까요?

책을 읽어주고 난 후, "가장 기억에 남는 장면 세 가지를 떠올려볼까?"

하고 물어봅니다. 예를 들어 강아지똥이 외로울 때, 민들레를 만났을 때, 거름이 되는 순간을 골랐다면, 종이를 가로로 놓고 왼쪽부터 1, 2, 3이라고 번호만 적습니다. 번호 옆에는 스티커 하나를 붙이고, 스티커 위에 아이가 고른 얼굴 표정을 간단히 그려줍니다. 표정 아래에는 "슬펐어.", "깜짝 놀랐어.", "뿌듯했어."와 같이 한두 마디로 아이가 직접 감정 이름을 써넣게 합니다. 다음 날 같은 책을 다시 읽어줄 때, 감정 지도를 활용해 주세요.

- **구체적인 대화 예시**

  (같은 책을 다시 읽어주다가, 아이가 2번 장면에 이르면)

  - 엄마: "어제 이 부분에 놀란 얼굴을 붙였잖아. 혹시 지금도 그래?"
  - 아이: "다시 들어보니 민들레가 칭찬해 주니까 기뻤을 것 같아."

  (스티커를 살짝 떼어 내고 새 표정을 그리거나 '기쁨'이라고 덧붙여 적는다.)

- **어떤 힘이 자랄까요?**

  감정을 시각적으로 표현하는 과정에서 아이는 이야기의 흐름과 등장인물의 감정 변화를 더 쉽게 이해할 수 있게 됩니다.

5. 이야기 속으로 들어가는 상상 놀이(32쪽 참고)

- **어떻게 할까요?**

  "만약 네가 이 이야기 속에 들어간다면 어떤 캐릭터가 되고 싶어?"라고 물어보세요. 아이가 선택한 캐릭터 입장에서 이야기 속에 새로운 대화나 행동을 추가해 봅니다. 이야기가 끝난 뒤에는 그 다음에 일어날 일을 상상해 보는 시간을 가져보세요.

- **구체적인 대화 예시**

"네가 민들레라면 강아지똥에게 어떤 말을 더 해주고 싶어?"

"강아지똥이 거름이 된 후, 민들레 꽃은 어떤 모험을 했을까?"

- **어떤 힘이 자랄까요?**

이야기의 경계를 넘어 자신만의 상상의 세계를 펼치며, 책 속 세상에 더 깊이 몰입하게 됩니다.

6. '감정 그림자' 찾아 말하기 (40쪽 참고)

기쁨, 슬픔, 무서움, 화남, 놀라움 등을 나타내는 감정 카드를 준비합니다. (혹은 다섯 가지 감정을 쓴 포스트잇을 미니 칠판이나 벽, 창문 등에 붙여둡니다.)

- **어떻게 할까요?**

이야기를 들려주다가 감정이 드러나거나 바뀌는 장면에서 잠깐 멈추며 "지금 주인공은 어떤 그림자를 두르고 있을까?" 하고 물어보세요. 아이는 미리 준비한 감정 카드 혹은 포스트잇(기쁨, 슬픔, 무서움, 화남, 놀라움) 중 하나를 골라 듭니다. 그리고 왜 그 카드를 선택했는지 한 문장으로 설명해 봅니다. 아이의 설명이 끝나면, 부모는 아이의 반응에 응답해주며 다시 이야기를 이어갑니다.

- **구체적인 대화 예시**
  - 부모: (이야기를 잠시 멈추며) "외양간 문이 삐걱 열렸어. 소가 크게 눈을 뜨는 순간, 어떤 기분 그림자가 보이니?"
  - 아이: (놀람 카드를 들며) "깜짝 놀라서 멈칫했을 것 같아요."
  - 부모: "맞아. 정말 놀랐지. 그래서 아빠도 얼른 뒤로 물러났어."

- **어떤 힘이 자랄까요?**

  사건과 감정 변화를 실시간으로 연결하며 주인공의 마음을 세밀하게 따라갈 수 있게 됩니다. 그리고 왜 그 기분을 골랐는지 설명하면서, 감정을 나의 말로 풀어내는 표현력이 자랍니다.

7. 소리 보태기 놀이

- **어떻게 할까요?**

  이야기를 들려줄 때, 동작이나 상황이 바뀌는 지점마다 1초쯤 멈춥니다. 멈추는 순간, 아이는 입으로 효과음을 만들어 넣습니다. '삐걱' 문소리, '달그닥' 발소리, '후우~'와 같은 한숨소리 등 무엇이든 좋습니다. 부모는 아이가 낸 소리를 받아 "끼익~ 하고 문이 열리는 순간, 먼지 냄새가

훅~ 들어왔어."처럼 다음 문장을 자연스럽게 이어갑니다.

- **구체적인 대화 예시**
  - 부모: "외양간 문이…."
  - 아이: "끼익~!"
  - 부모: (아이의 말을 바로 받아) 하고 열리자 안쪽에서 축축한 먼지 냄새
    가…."
  - 아이: "확~ 퍼졌어."

- **어떤 힘이 자랄까요?**

  아이가 효과음을 만들어 넣으면서 이야기에 함께 참여하게 되기 때문에
  집중도가 높아집니다. 청각, 시각, 촉각을 모두 활용해 장면을 재현해 보
  면서 아이는 이야기에 더 몰입하게 되지요. "왜 그 소리를 넣었을까?"
  부모와 함께 이야기해 보며, 들은 장면을 언어로 다시 표현하는 능력과
  상상력이 함께 자라납니다.

8. 네 컷 만화 완성하기(40쪽 참고)

- **어떻게 할까요?**

  이야기가 끝나면 A4 용지 한 장을 접어 네 칸으로 만듭니다. 아이에게
  지금 머릿속에 떠오르는 장면을 첫째 칸부터 순서대로 그려보게 합니다.

장면을 그대로 그려도 괜찮고, 말풍선을 그려 넣어도 좋습니다. 아이가 자유롭게 표현하게 해주세요. 10분쯤 지나면, 아이가 그린 네 컷 만화 장면을 설명해 보게 합니다.

- **구체적인 대화 예시**
  - 부모: "왜 세 번째 칸에 눈물 표시를 그렸어?"
  - 아이: "아빠가 혼나고 나서, 소 눈을 보자마자 마음이 울컥했을 것 같았어요."
  - 부모: "아~ 그래서 그 전 장면에 아빠가 땅을 보고 서 있는 모습을 그렸구나."

- **어떤 힘이 자랄까요?**

이야기를 듣고 떠오른 이미지를 그림으로 옮기며 아이는 청각 정보를 시각 정보로 바꿔 정리하게 됩니다. 아이는 네 칸을 순서대로 그리면서 이야기의 흐름과 구조를 자연스럽게 익히게 됩니다.

9. 빈칸 이어 말하기

- **어떻게 할까요?**

"개미는 ○○○ 위로 기어 올라갔습니다."라고 말한 뒤 ○○○에서 멈춥니다. 아이가 빈칸을 채워 말하면, 그 단어를 넣어 다시 이야기를 이어갑니다. 같은 방식으로 3~4문장을 이어가며 작은 이야기를 완성합니다.

• **구체적인 대화 예시**

  • 부모: ○○○에는 뭐가 들어가면 좋을까?

  • 아이: 젤리 산이요.

  • 부모: 젤리 산이라 미끄러워서 개미 발이 쓱쓱 미끄러졌어.

• **어떤 힘이 자랄까요?**

아이가 넣은 한 단어로 이야기가 바뀌는 경험을 통해 자신감이 생깁니다.
문장을 이미지로 바꾸는 연습은 아이의 상상 근육을 단단하게 해줍니다.

10. 손바닥 극장(49쪽 참고)

• **어떻게 할까요?**

두 손을 꼭 쥔 뒤, "여기가 개미가 사는 숲이야!"라고 말하며 손가락을
활짝 펼칩니다. 손가락 하나를 들어 "이건 쓰러진 나무야. 개미가 된 너
는 어떻게 지나갈 거야?"와 같이 아이에게 물어봅니다. 아이가 방법을
말하면 곧바로 손동작으로 연기해 주며 다음 장면을 이어갑니다.

• **어떤 힘이 자랄까요?**

손 동작과 말이 함께 나오면서 아이는 눈과 귀를 동시에 사용하게 됩니

다. 작은 손바닥 속 세상을 아이가 머릿속에 그려보면서 아이의 상상력과 함께 시각화 능력도 자라납니다.

11. 두근두근 예고편

• 어떻게 할까요?

짧은 이야기를 들려주다가 긴장감이 높아지는 순간 멈춥니다. "다음에 뭐가 일어날지 두세 가지 생각해 봐." 하고 아이에게 물어보세요. 아이가 예상한 내용을 들은 후, 아이가 말한 내용을 반영해서 이야기를 바꿔 들려주거나 원래 이야기를 계속 이어갑니다. 아이가 예상한 것과 비슷하면 "잘 맞췄네!"라고 해주고, 다르게 예상했어도 "재미있는 생각이었어!"라고 칭찬해 주세요.

• 구체적인 대화 예시

- 부모(이야기를 멈추며): 투명 공 안에 뭐가 있을까? 두세 가지 생각해 봐.
- 아이: 비눗방울이 들어 있어요. 아니면 초콜릿 산이나 보물이 숨어 있을 수도 있겠어요.
- 부모: 오. 초콜릿 산 이야기 재미있는데? 그걸로 이어나가 볼까?
- 아이: 좋아요!

- 어떤 힘이 자랄까요?

들은 내용을 바탕으로 앞으로 일어날 일을 추측하는 힘이 자랍니다. 자신의 상상이 실제 이야기 속에 반영되면, 이야기 몰입도가 높아지고 더욱 적극적으로 참여하게 됩니다.

12. 한마디 변신

- 어떻게 할까요?

TV를 함께 볼 때, "오늘은 새로운 말 찾기 놀이를 해볼까?"하고 제안해 보세요. 광고나 뉴스 속에서 아이가 관심을 보이는 문장 하나를 고릅니다. 그 문장 안에서 바꾸고 싶은 단어를 찾아 다른 말로 바꿔 말해보도록 합니다.

- 구체적인 대화 예시

TV에서 주스 광고를 보다가 '신선한 과일로 만든 주스'라는 부분에서 아이가 재미있어 하는 상황이라 가정해 보겠습니다.

- 엄마: '신선한' 대신 다른 말로 바꿔볼까?
- 아이: 음… 맛있는?
- 엄마: 그래, 맛있는 과일로 만든 주스가 되겠네. 느낌이 어때?
- 아이: 더 먹고 싶어지는 느낌이에요.

- 엄마: 또 다른 말로 바꿔볼까?

- 아이: 아삭아삭은 어때요? 아삭아삭한 과일로 만든 주스.

- 엄마: 아삭아삭한 과일로 만든 주스! 오, 재미있는 표현이다.

- 아이: 네! 사과가 아삭아삭 씹히는 소리가 들리는 것 같아요.

- **어떤 힘이 자랄까요?**

단어 하나로 문장의 느낌이 달라진다는 경험을 통해, 어휘 선택의 중요
성을 자연스럽게 배우게 됩니다. 또한 유의어, 반의어와 같이 단어들 사
이의 관계를 이해하는 힘도 함께 자랍니다.

13. 오늘의 새 단어 저금통

- **어떻게 할까요?**

빈 병이나 상자를 '단어 저금통'으로 만들어 거실 한쪽에 둡니다.
아이가 하루 동안 TV, 대화, 안내방송 등에서 처음 들은 단어나 재미있
는 표현이 있으면 작은 메모지에 적어 저금통에 넣게 합니다. 자기 전에
저금통을 열어 그날 모은 단어들을 함께 살펴봅니다.

- **구체적인 활용 예시**

"이 단어는 어디서 들었어?"라고 물어보며 아이가 맥락을 떠올리게 합
니다. 단어의 뜻을 아이가 스스로 짐작해 보게 하고, 필요하면 함께 찾아

봅니다. 그날 모은 단어로 짧은 이야기도 만들어보는 것도 좋습니다.

• 어떤 힘이 자랄까요?

새로운 어휘에 대한 관심이 높아지고 더 집중해서 듣게 됩니다. 단어를
맥락 속에서 기억하는 습관이 생기며, 스스로 새로운 단어들을 발견하는
즐거움도 느끼게 됩니다.

14. 그림으로 듣기 사파리

• 어떻게 할까요?

동화를 읽어주거나 오디오북을 들려줄 때, A4 용지를 네 칸으로 접어줍니
다. 아이가 이야기를 들으면서 각 칸에 장면을 순서대로 그려보게 하세요.
모두 완성되면 그림을 보며 아이가 이야기를 다시 들려줍니다.

• 구체적인 대화 예시

- 부모 : "첫 칸엔 주인공이 처음 등장한 장면을 그려볼까?"
- 아이 : "네! 여기 숲에서 공룡이 나타났어요."
- 부모 : "좋아! 그 다음에는 어떤 일이 일어났지? 두 번째 칸에 그려보자."

• 어떤 힘이 자랄까요?

장면을 시각적으로 정리해 보며, 들은 내용을 더 오래 기억할 수 있게 됩

니다. 그림을 따라 말해보면서 요약력과 재구성력도 함께 자랍니다.

15. 똑똑! 단어 벨 찾기

• **어떻게 할까요?**

오늘 들을 이야기에서 줄거리를 파악하는 데 꼭 필요한 핵심 단어 세 개를 미리 정해둡니다. 종이컵에 동전을 넣어 작은 '딸랑 종'을 만들어두고, 그 단어가 들릴 때마다 아이가 종을 흔들게 하세요. 이야기가 끝난 뒤 그 단어로 짧은 문장이나 네 컷 만화를 만들어보세요.

• **구체적인 대화 예시**

  • 부모 : "이야기에서 '비밀', '숲속', '마법'이 들리면 종을 흔들어줄래?"

  • 아이 : "딸랑! 방금 '비밀'이 나왔어요!"

  • 부모 : "오. 맞아! 잘 들었네. 계속 들어보자."

• **어떤 힘이 자랄까요?**

중요한 단어에 집중해 듣는 활동은 아이의 선택적 주의력과 집중력이 자랍니다. 들은 단어로 문장이나 그림을 만들어보는 과정에서 어휘력과 창의적 표현력이 함께 발달합니다.

더 이상 미룰 수 없는
초등 고학년 아이들을 위한 방법

고학년이 되면 아이들의 언어 세계는 한층 깊어집니다. 이제는 말이나 글로 접한 내용을 그대로 단순히 받아들이는 수준을 넘어, 배경과 의도를 추측하기도 하고 다른 관점으로 생각해 보기도 합니다. 요약하거나 자신의 생각을 덧붙여 표현하려는 시도도 늘어납니다. 듣거나 읽은 내용에 대해 스스로 생각을 분석하고 평가할 수 있습니다. 글이나 말 속에 숨은 의미를 찾으려 하고, 자신의 생각을 논리적으로 표현하려는 힘이 자랍니다.

이 시기에는 자신이 어떻게 생각하고 있는지 스스로 알아차리고 조절하는 메타인지 능력도 함께 자랍니다. 그래서 이 시기의 아이들에게는 스스로 선택할 수 있는 '선택권'과 조금씩 어려운 과제에 '도전해 볼 수 있는 기회'를 제공하는 것이 도움이 됩니다.

일상에서 아이와 함께 듣거나 읽은 내용을 체계적으로 정리해 보거나 중요한 부분을 골라내고, 비판적으로 생각해 보는 활동을 해 보세요. 자료를 구조화하고, 자기 관점으로 해석해 보는 경험은 아이의 사고를 한층 깊게 합니다. 다양한 방법을 부모님과 함께 시도해 본 후, 그중에서 자신에게 맞는 것을 선택해 볼 수 있도록 격려해 주세요. 이러한 과정을 통해 아이는 논리적으로 생각하고, 다양한 관점에서 세상을 바라보는 힘을 기르게 됩니다.

이제 이러한 특성을 바탕으로 고학년 아이들에게 맞는 구체적인 실천 방법들을 함께 살펴보도록 하겠습니다.

1. 뉴스 기사로 생각 열기

• 어떻게 할까요?

하루 동안 접한 뉴스나 기사 중 흥미로웠던 내용을 간단히 말해준 뒤, 아이에게 생각이나 느낌을 물어보세요.

• 구체적인 대화 예시

- 부모: 오늘 뉴스에서 플라스틱을 너무 많이 사용해서 바다에 떠다니는 쓰레기가 많다고 그러더라. 넌 어떻게 생각해?
- 아이: 응. 엄마. 학교에서도 환경 문제에 대해 이야기를 나눈 적이 있는데, 쓰레기 때문에 물고기들이 힘들어한다고 들었어. 불쌍해.

- 부모: 엄마도 속상하더라. 비닐봉지 때문에 바다거북이 숨을 못 쉬어서 죽기도 한다고 그러고. 바다에 버려지는 쓰레기가 점점 많아지니까 사람들도 해결책을 찾고 있다더라고. 어떤 해결책이 있을까?
- 아이: 응. 엄마. 쓰레기 때문에 다친 바다거북을 치료해 주는 영상을 본 적이 있어. 쓰레기 때문에 다친 해양 생물들을 치료하는 캠페인? 프로그램? 그런 것들이 있었으면 좋겠어.

• 어떤 힘이 자랄까요?

아이는 자연스럽게 사회적 이슈에 관해 자신의 생각을 이야기하며 비판적 듣기와 논리적 말하기 능력이 성장하게 됩니다. 부모와 대화를 주고받으면서 다른 관점의 시각들을 자연스럽게 접하게 됩니다.

2. 숨은 속뜻을 찾아라: '뼈 레이더' 감정 탐지기

• 어떻게 할까요?

저녁 식사 시간이나 주말 여유 시간을 활용하여 부모님이 평범한 문장을 세 가지 톤으로 바꿔 말해봅니다. 예를 들어 "숙제 다 했구나."를 환한 칭찬 톤, 살짝 비꼬는 톤, 건조한 정보 전달 톤으로 바꿔서 읽어줍니다. 아이는 "뼈 있는 말이네!" 하고 손을 들고, 어떤 속뜻이 숨어 있다고 느꼈는지 설명합니다. 부모님과 역할을 바꾸어, 이번엔 아이가 같은 문장을 새로운 말투로 변형해 보고 부모님은 속뜻을 추리합니다.

- **구체적인 대화 예시**

  - 부모: 숙제 다~ 했구나아? (의심스러운 톤)

  - 아이: 뼈 있다! 뼈 있는 말이에요! 못 믿는 거 같아요. 숙제도 안 해놓고 놀고 있냐는 말이 숨어 있을 것 같아요.

  - 부모: 시현아! 방이 참~ 깨끗하네~? (비꼬는 톤)

  - 아이: 뼈 있는 말이에요! 깨끗하지 않다는 말 같아. 참~ 이라고 비꼬는 것 같았어.

- **어떤 힘이 자랄까요?**

  억양, 속도, 강세와 같은 소리 단서만으로 말 속 감정을 구별하는 힘을 기를 수 있습니다. '왜 그렇게 들렸는지' 근거를 설명하면서 속뜻을 추론하고 말로 표현하는 연습도 동시에 해볼 수 있습니다.

3. 다중 관점 탐색하기(32쪽 참고)

- **어떻게 할까요?**

  "이번에는 참새(또는 흙더미)의 입장에서 이야기를 다시 들어볼까?"처럼 같은 이야기를 다른 등장인물의 관점에서 재해석해 보도록 합니다. 아이가 요약을 어려워하면, 등장인물이 되어 속마음을 '내면의 목소리'로 표현해 보게 합니다.

- 구체적인 대화 예시

  - "참새가 강아지똥을 보고 놀렸을 때, 참새의 마음은 어땠을까?"

  - "흙더미가 이 모든 상황을 지켜보며 어떤 생각을 했을지 상상해 볼까?"

- 어떤 힘이 자랄까요?

  다양한 관점에서 상황을 바라보는 힘이 자라고, 타인의 감정과 생각을
  이해하는 공감력도 길러집니다.

4. 이야기 뼈대 뒤집기

- 어떻게 할까요?

  책을 다 읽은 뒤, 아이에게 "가장 기억나는 장면 다섯 개를 순서대로 말
  해볼까?" 하고 물어봅니다. 부모님이 임의로 1부터 5까지 숫자 두 개를
  골라 말하면, 그 두 장면의 순서를 바꿔 새로운 이야기를 만들어 들려줍
  니다. 이야기를 다 들은 뒤, 원래 이야기와 달라진 점이나 더 재미있게
  느껴진 부분, 자연스럽게 이어진 부분을 함께 이야기해 봅니다.

- 구체적인 대화 예시

  - 부모: 3이랑 2! 두 장면을 바꿔서 이야기해 볼래?

  - 아이: 민들레가 더 감동받은 느낌이에요. 그런데 좀 이상해요. 순서가
    엉킨 것 같아요.

• 부모: 그럼 원래 이야기랑 지금 바꾼 이야기랑 어느 쪽이 더 재미있었어?

• 또 다른 활동

'문제 해결 다이어그램'을 그려보세요. 종이 중앙에 주인공의 문제를 적고, 여러 해결책들을 가지처럼 뻗어 나가게 그려봅니다. 그리고 이야기 속 주인공의 해결 방법과 비교하며, 만약 다른 선택을 했다면 어떻게 달라졌을지도 함께 이야기해 봅니다.

• 어떤 힘이 자랄까요?

이야기의 순서를 바꿔보고 느낌을 말로 표현하는 과정에서 아이는 이야기의 흐름을 스스로 해석할 수 있게 됩니다. 또한 이야기의 구조를 이해하고, 원인과 결과의 관계를 파악하는 힘도 자랍니다.

5. 비판적으로 생각해 보기(32쪽 참고)

• 어떻게 할까요?

이야기 속 메세지나 주제, 교훈에 대해 함께 이야기 나누어 보세요. 아이가 비슷한 감정을 느꼈던 적이 있는지 혹은 비슷한 일을 겪은 적이 있는지도 대화해 보세요.

- **구체적인 대화 예시**
  - "강아지똥 이야기는 우리에게 무엇을 가르쳐주려고 하는 걸까?"
  - "누구나 세상에서 중요한 역할을 할 수 있다는 것에 대해 어떻게 생각해?"
  - "네가 누군가를 도와줘서 기뻤던 일이 있었을까?"
  - "너도 '강아지똥처럼 '나는 별로 쓸모없는 것 같아' 라고 생각해 본 적 있어?"

- **어떤 힘이 자랄까요?**

  이야기를 단순히 듣고 이해하는 데서 한 걸음 더 나아가 그 안에 담긴 의미를 생각해 보고, 자신의 경험과 연결해 보는 능력이 자라납니다.

6. 이야기 소재를 다양하게 들려주기

- **어떻게 할까요?**

  부모의 성공담 혹은 실패담과 같은 이야기를 들려준 후, "만약 그때 엄마가 다른 선택을 했더라면 어떻게 되었을까?"와 같이 이야기의 흐름을 바꿔보는 질문을 던져보세요. 엄마나 아빠의 어린 시절 이야기나 지역의 역사 이야기를 들려주면서시대적 · 문화적 배경을 함께 전해주세요.

- 구체적인 대화 예시

(실패담 관련)

- 부모: 아빠가 중학생 때, 발표 순서를 처음에서 뒤로 바꿨는데 오히려 더 떨었던 적이 있었어. 원래 순서대로 했으면 어떻게 달라졌을까?
- 아이: 오히려 마음이 편했을 수도 있었을 것 같아요.

(어린 시절 관련)

- 부모: 옛날에 할아버지 댁에 가면, 온 동네 사람들이 같이 나와서 김장을 함께 도와줬어.
- 아이: 요즘엔 김치를 사 먹는 경우도 많은데, 예전에는 다 같이 모여서 김장을 했나 보네요.

- 어떤 힘이 자랄까요?

부모의 성공담 혹은 실패담은 아이들의 호기심을 자극하고 이야기에 담긴 감정이나 가치관을 자연스럽게 접하게 합니다. 결말을 바꿔보는 질문을 통해 아이들의 상상력과 논리력을 기를 수 있습니다. 또한 들려주는 이야기에 시대적·문화적 배경을 함께 전해주면, 이야기 속 상황과 현재를 비교, 대조하며 듣는 힘을 길러줄 수 있습니다.

7. 감정 그래프 그리기(40쪽 참고)

• 어떻게 할까요?

노트나 A4 용지에 가로축은 '시간', 세로축에는 '감정'이라고 적습니다. 이야기를 들으면서 주인공 감정이 달라질 때마다, 간단히 점을 찍어 곡선을 그려보세요. (행복은 +, 불안은 − 처럼 정해주세요.) 이야기를 다 들은 뒤 감정 그래프가 가장 급격하게 올라간 순간과 가장 급격하게 내려간 순간을 찾아 이유를 말해보게 합니다.

• 구체적인 대화 예시

- 아이: 아빠가 소 눈망울을 봤을 때, 그래프를 (+)로 그렸어요. 소를 보고 아빠가 기분이 좋아졌을 것 같았거든요.
- 아빠: 맞아. 소가 아빠 마음을 아는 것 같아서 위로를 받는 것 같았어. 그럼 그 직전엔 왜 그래프가 (−)로 내려가 있어?
- 아이: 할아버지께 혼나서 속상했을 때니까요.

• 어떤 힘이 자랄까요?

이야기 속 인물의 감정을 그래프로 그려보면, 감정이 오르내리는 지점이 명확히 드러납니다. 각 변화 지점(변곡점)을 사건과 원인에 연결하며 이야기를 체계적으로 분석할 수 있게 됩니다. 그 과정에서 감정의 세밀한 변화를 읽어내는 능력도 함께 길러집니다.

8. 입장 바꿔 한 문장 메신저(40쪽 참고)

• **어떻게 할까요?**

이야기가 끝난 뒤 아이와 함께 주인공이 아닌 다른 등장인물(소, 할아버지, 볏짚, 외양간 문 등)을 하나씩 고릅니다. 부모와 아이가 각자 포스트잇에 그 인물이나 사물의 마음을 한 문장으로 적어봅니다. 메모를 서로 바꾸어 읽으며, 왜 이런 마음이라고 생각했는지 이야기를 나눠보세요.

• **구체적인 대화 예시**

• 아이: 저는 소가 되어 썼어요. "친구, 오늘은 네가 안 운 것 같아 기뻐."

• 아빠: 소의 입장에서 썼구나.

• 아이: 네, 아빠가 오늘은 눈물 자국이 없어서 기쁠 것 같다는 소의 마음을 썼어요.

• 아빠: 나는 볏짚의 마음을 표현해 봤어. "소랑 아빠를 이어지게 도와준 것 같아 뿌듯하다."

• 아이: 아빠는 왜 볏짚이 도와줬다고 생각했어요?

• 아빠: 아빠가 소한테 볏짚을 먹이로 주는 바람에 소랑 이야기 할 수 있었잖아? 소랑 대화하게 도와줬으니까 도움이 되어서 뿌듯하다는 마음을 표현해 봤어.

- 어떤 힘이 자랄까요?

같은 이야기를 다양한 시각으로 바라보는 힘이 자랍니다. 부모와 이야기를 나눠보면서 해석의 차이를 자연스럽게 경험하고, 유연하게 생각하고 표현하는 능력이 함께 자라납니다.

9. 60초 뉴스 속보 만들기

- 어떻게 할까요?

이야기를 들려준 뒤, 아이가 인상 깊었던 장면을 고르게 합니다. 아이에게 그 장면을 60초 정도 되는 뉴스 속보로 바꿔보게 합니다. 핸드폰 타이머를 60초로 맞춘 후, 아이는 뉴스앵커가 되어 60초 뉴스 속보처럼 바꿔서 말해봅니다.

- 구체적인 대화 예시
  - 아이: 속보입니다. 노란 바나나 성벽이 무너져 개미 탐험대가 고립되었습니다.
  - 부모: 성벽이라는 표현이 기발하네.

- 어떤 힘이 자랄까요?

방금 '들은 이야기'를 1분 안에 재구성해 보는 활동을 통해 요약력과 관점 전환 능력, 어휘력이 함께 자라게 됩니다.

10. 두 문장으로 말해요

• 어떻게 할까요?

부모님이 방금 들려준 부분부터 이어질 이야기를 '두 문장'으로 먼저 말합니다. 아이는 그 두 문장을 이어서, 다시 '두 문장'을 덧붙입니다. 같은 과정을 네다섯 번 반복하여 함께 이야기를 완성해 보세요.

• 구체적인 대화 예시

- 부모: 바나나 성벽을 넘어갔지. 그러자 바람에 흔들리는 거대한 물방울이 나타났어.
- 아이: 물방울 안을 들여다봤어. 그랬더니 물방울 안에서 무지개가 나타났고, 개미는 그 무지개를 타고 하늘로 올라갔어.

• 어떤 힘이 자랄까요?

두 문장으로 제한해서 이야기를 꾸며보는 과정은 아이의 요약력과 문장 구성 능력을 키워줍니다. 부모와 서로의 문장을 이어가며 하나의 이야기를 만들어나가는 과정에서 창의적 상상력이 자연스럽게 길러집니다.

11. 만약에 카드 놀이

• 어떻게 할까요?

아이와 함께 A4 용지 한 장을 8등분하여 '장소 바꾸기, 주인공 바꾸기,
도구 추가하기, 시간 여행하기, 크기 뒤집기, 성격 변신, 시간 바꾸기, 뜻
밖의 선물' 같은 '만약에 카드'를 만듭니다. 이야기를 다 들려준 뒤, 아이
는 만약에 카드 중에 한 장을 뽑습니다. 카드에 적힌 내용을 바탕으로,
이야기를 상상하여 말해봅니다. 예를 들어 '도구 추가하기' 카드가 나오
면, "개미에게 낙하산이 생겼다면?"을 상상해 봅니다.

• 구체적인 대화 예시

- 아이: 낙하산이 있어서 개미는 성벽에서 안전하게 뛰어내릴 수 있었어
  요. 그래서 탐험 시간이 반으로 줄어들었지요.
- 부모: 그럼 개미들은 남은 시간에 무엇을 했을까?

• 어떤 힘이 자랄까요?

아이는 뽑은 카드에 적힌 조건에 따라 원래의 이야기를 바꾸거나 새로운
장면을 덧붙입니다. 이 과정에서 아이는 들은 내용을 이해하여 머릿속에
서 재구성하며, 자신만의 방식으로 표현하는 능력을 자연스럽게 키우게
됩니다.

12. 5W 1H 뉴스 분석가

• 어떻게 할까요?

아이와 함께 뉴스를 시청한 후, 5W 1H 방식으로 정보를 정리해 보게 합니다.

A4용지를 여섯 칸으로 나누어 각 칸에 '누가(Who), 언제(When), 어디서(Where), 무엇을(What), 왜(Why), 어떻게(How)'라고 적습니다. 그러고 나서 각 질문에 대한 답을 간단히 적어보게 합니다. 뉴스 기자가 되어 식구들 앞에서 간단히 브리핑해 보게 합니다.

• 구체적인 활용 예시

기본적인 정보 파악이 익숙해지면 "이 뉴스에서 가장 중요한 정보는 무엇인 것 같아?"라고 물어봅니다. "이 뉴스에서 더 알고 싶은 정보는 없을까?"라고 물어보며 아이의 비판적 사고도 유도해 봅니다. 아이가 정리한 내용을 바탕으로 뉴스 기자가 되어 가족들 앞에서 브리핑할 수 있게 격려해 주세요.

• 어떤 힘이 자랄까요?

복잡한 정보를 체계적으로 정리하는 힘이 자랍니다. 또한 여러 정보 중에서 중요한 정보와 덜 중요한 정보를 구별하고, 부족한 내용을 스스로 찾아보는 능력도 함께 기를 수 있습니다. 자신이 정리한 내용을 다른 사람에게 설명하면서 표현력도 함께 늘어납니다.

13. 안내방송 따라잡기

• 어떻게 할까요?

지하철, 버스, 마트 등에서 들리는 안내방송을 주의 깊게 듣고 그 안의 핵심 정보를 기억해 봅니다. 활용할 수 있는 미션은 다음과 같습니다.

- 마트에서 특가 상품 안내방송 듣고 무슨 상품인지, 어디서 살 수 있는 지 기억하기
- 지하철을 탈 때 다음 역 안내와 환승 정보를 미리 기억했다가 맞추기
- 아파트 안내방송을 듣고 어떤 내용이었는지 가족에게 전달하기

• 구체적인 대화 예시

- "방금 방송에서 중요한 정보가 뭐였어?"
- "엄마는 잘 기억이 안 나는데, 다시 들을 수도 없고 기억나는 거 한번 말해 줄 수 있겠어?"

• 어떤 힘이 자랄까요?

일상에서 들리는 소리에 집중하는 능력과 필요한 정보를 선별해 기억하는 능력을 기를 수 있습니다.

14. 광고 속 설득의 언어 찾기

• 어떻게 할까요?

라디오나 TV, 유튜브에서 나오는 광고를 듣고 감정을 자극하거나 설득하는 단어와 표현을 찾아보게 합니다.

• 구체적인 활용 예시

- "광고에서 반복되는 단어나 문장을 한번 찾아볼래?"
- "엄마부터 먼저 말해볼게. '단 하루!', '놓치지 마세요!'"
- "광고 속 배경 음악을 들어보니 어떤 느낌이 들어?"
- "이 광고는 어떤 사람들을 대상으로 만든 걸까?"

• 어떤 힘이 자랄까요?

다양한 소리에 주의를 기울이며 듣는 힘이 자라고, 광고가 사람의 감정을 움직이는 방식을 이해하는 미디어 리터러시도 함께 발달합니다.

15. 다섯 손가락 요약

• 어떻게 할까요?

영상이나 팟캐스트를 아이와 같이 듣습니다. 다 들은 후에는 아이가 한 손가락씩 접으면서 손가락마다 순서대로 누가–무엇을–언제–어디서–왜를 말하게 합니다. 한 손가락에 한 문장만 허용합니다.

- **구체적 대화 예시**
  - 부모 : 이제 다섯 손가락으로 내용 정리해 볼까? 첫 손가락 '누가'부터!
  - 아이 : 과학자들이요(엄지손가락을 접으며).
  - 부모: 좋아, 그다음 '무엇을'?
  - 아이: 해양 플라스틱을 연구했어요(두 번째 손가락을 접으며).
  - 부모: 언제?
  - 아이: 올해요(세 번째 손가락을 접으며).
  - 부모: 어디서?
  - 아이: 대서양에서요(네 번째 손가락을 접으며).
  - 부모: 왜?
  - 아이: 오염을 줄이려고요(다섯 번째 손가락을 접으며).

- **어떤 힘이 자랄까요?**

  다섯 손가락으로 핵심 내용을 정리하는 과정에서 아이의 요약력과 논리적 사고력이 함께 자랍니다. 한 손가락에 한 문장만 말하도록 하면서 간결하고 명확하게 표현하는 법도 자연스럽게 익힐 수 있습니다.

16. 3-2-1 활동해 보기

• 어떻게 할까요?

듣기가 끝난 직후, 아이가 배운 것 세 가지, 궁금한 것 두 가지, 우리 삶과 연결되는 점 한 가지를 순서대로 말하게 합니다. 말로만 해도 되고, 메모를 해도 좋습니다.

• 구체적 대화 예시

- 부모: 3-2-1 해볼까? 배운 사실 세 가지부터 말해줄래?
- 아이: 태양광 패널 효율이 더 좋아졌고, 가격도 내려갔고, 사람들이 태양광 설치를 점점 많이 하기 시작했대요.
- 부모: 궁금한 두 가지는 뭐였어?
- 아이: 패널 수명이 얼마나 될지, 효율이 예전보다 얼마나 더 좋아졌는지 궁금했어요.
- 부모: 우리 삶과 연결되는 한 가지는 뭐였어?
- 아이: 집 옥상에 태양광 시설을 설치하면 전기요금이 줄 수도 있겠어요.

• 어떤 힘이 자랄까요?

3-2-1 구조로 정리하는 활동은 아이가 들은 내용에서 핵심만 골라내는 힘을 길러줍니다. 배운 내용을 자신의 삶과 연결해 보면서 실제로 활용할 수 있는 힘도 함께 키울 수 있습니다.

내 마음을 이해하고,
타인과 연결되는 말의 힘

저는 감정을 숨기고 좀처럼 표현하지 않는 아이였어요. 제가 초등학교 6학년 때쯤이었던 걸로 기억이 납니다. 그해 여름은 무척이나 더워서, 동생과 저 둘 다 목 뒤편에 땀띠가 심하게 났습니다. 표현을 잘했던 동생은 땀띠 때문에 따갑고 아리다고 엄마에게 투정을 부렸고, 엄마는 곧장 집 앞 약국으로 뛰어가서 땀띠 파우더를 사오셨습니다. 그러고는 "많이 따가웠구나." 하시며 동생 목에 톡톡 땀띠 분을 발라주시더라고요. 동그란 철제 통에 담긴 동생의 땀띠 분이 얼마나 부러웠던지, 30년이 지난 지금도 그날의 장면이 생생하게 떠오릅니다. '땀띠는 내가 더 심하게 난 것 같은데…. 엄마는 나는 신경도 안 쓰나 보다.' 하고 속상해서 눈물이 났습니다. 차마 말하지 못한 감정을 그날 조용히 일기장에다가 썼습니다.

엄마가 동생만 땀띠 분을 사주셨다. 목이랑 등 뒤에 땀이 나서 나도 목에 땀띠가 나서 며칠 동안 계속 따갑고 아팠는데…. 엄마는 ○○이가 불편하다고 말을 하니 약국에 가서 바로 땀띠 분을 사 오셨다.

한참 쓰다 보니 눈물이 뚝뚝 흐르는 겁니다. 눈물 자국도 그대로 일기장에 남겨두었습니다. 엄마가 읽어봐 주길 하는 마음에, 일기장을 펼쳐놓은 채로 잠이 들었습니다.

다음 날 오후, 학교에서 돌아왔더니 엄마가 동그란 철제 깡통을 하나 내미십니다.

"자, 여기. 네 것도 여기 있어. 말을 하지 그랬어~."

둘이 같이 쓰라고 해도 되었을 텐데, 엄마는 내심 마음이 쓰이셨나 봐요. 엄마가 내민 땀띠 분에 제 마음은 금세 풀렸습니다. 엄마 마음을 괜히 제 맘대로 오해한 것 같아서 미안한 마음도 들었지요. 만약 그날, 일기장에 적어둔 제 마음을 엄마가 알아주시지 않았다면 어땠을까요? 엄마가 건네신 "네 것도 있어. 말을 하지 그랬어."라는 말의 의미를 제가 알아차리지 못했다면 어땠을까요?

아이들은 하루에도 수십 번 부모에게 말을 겁니다. "엄마, 있잖아요.", "아빠, 저것 좀 보세요." 학교에서 돌아오자마자 신발도 벗기 전에 조잘조잘 쏟아내는 급식 이야기, 창문 밖 직박구리 이야기, 자려고 누웠는데 문득 생각난 친구와의 서운한 일까지….

아이는 마주하는 순간마다 말로 마음을 건넵니다. 그렇게 우리는 하루에도 수십 번씩 서로에게 언어를 건넵니다. 손짓과 표정, 몸짓에 말을 더해 마음을 전하고, 글로 남기기도 하지요. 말과 글을 통해 서로의 마음을 담아보낼 때, 우리는 서로를 더 깊이 이해하게 됩니다.

우리는 언어를 왜 배울까요? 우리는 왜 하루에도 수십 번씩 누군가의 이야기를 들어주고, 말을 걸고, 글을 쓰며 표현하려고 할까요? 그건 단지 잘 읽고 잘 쓰기 위한 것만은 아닙니다. 우리가 언어를 배우는 목적은 자신을 더 잘 알고, 타인과 잘 연결되고, 세상을 더 깊이 이해하며, 결국 조금 더 행복하게 살아가고 싶기 때문이지요. 언어는 우리를 세상과 연결시켜 주는 다리입니다.

내 마음이 어떤지, 내가 무엇을 원하는지, 내가 지금 어떤 감정인지 알아차리고 말이나 글로 표현하는 순간, '나'라는 존재에 대해 더 깊이 이해할 수 있습니다. 나를 표현하고 내 마음을 표현하는 이유는 다른 사람과 관계 맺고 소통하고 싶기 때문이지요.

그래서 우리는 아이에게 언어를 가르치고, 아이에게 언어를 건넵니다. 혼자 살아갈 수 없는 세상에서 아이가 스스로에 대해 잘 이해하고 표현하며, 타인과 소통하고 관계 맺으며 행복하게 살아갔으면 하는 마음으로 말입니다.

아이들은 결국 행복해지기 위해 언어를 배우고, 언어를 건넵니다. 아이들의 그 마음을 알아채고 담아주며, 부모의 언어는 아이의 행복한 삶을 지탱해 주는 든든한 힘이 되어줍니다.

듣는 힘은 이해의 시작이 되고,

말하는 힘은 생각을 꺼내는 창이 되며,

읽는 힘은 세상을 해석하는 시선이 되고,

쓰는 힘은 생각을 담아내는 손이 됩니다.

마음은 이 모든 힘이 자라는 곳입니다.

공부 머리를 키우는
초격차 오감 문해력

초판 1쇄 발행 2025년 11월 7일

지은이 홍예진

기획편집 김소영
디자인 박영정

펴낸곳 언더라인
출판등록 제2022-000005호
팩스 0504-157-2936
메일 underline_books@naver.com
인스타그램 @underline_books

ISBN 979-11-987430-7-7 03590